2017 职业资格考试辅导丛书

Gonglu Shuiyun Gongcheng Zhuli Shiyan Jianceshi Kaoqian Chongci Moni Shiti

公路水运工程助理试验检测师考前冲刺模拟试题

Gonggong Jichu + Qiaoliang Suidao Gongcheng

（公共基础 + 桥梁隧道工程）

本书编委会　编

人民交通出版社股份有限公司
China Communications Press Co.,Ltd.

内 容 提 要

本书依据2016年版《公路水运工程试验检测专业技术人员职业资格考试大纲》及考试用书相关要求编写，主要包括3套"公共基础"科目和3套"桥梁隧道工程"科目模拟试题，并附有参考答案及解析。

本书可供报考公路水运工程助理试验检测师"桥梁隧道工程"专业科目的广大考生参考使用。

图书在版编目(CIP)数据

公路水运工程助理试验检测师考前冲刺模拟试题. 公共基础＋桥梁隧道工程／《公路水运工程助理试验检测师考前冲刺模拟试题(公共基础＋桥梁隧道工程)》编委会编. —北京：人民交通出版社股份有限公司，2017.8

ISBN 978-7-114-14082-2

Ⅰ. ①公… Ⅱ. ①公… Ⅲ. ①桥梁工程—试验—资格考试—习题集②桥梁工程—检测—资格考试—习题集③隧道工程—试验—资格考试—习题集④隧道工程—检测—资格考试—习题集 Ⅳ. ①U41-44②U61-44

中国版本图书馆CIP数据核字(2017)第194285号

书　　名：**公路水运工程助理试验检测师考前冲刺模拟试题**(公共基础＋桥梁隧道工程)
著 作 者：本书编委会
责任编辑：王景景
出版发行：人民交通出版社股份有限公司
地　　址：(100011)北京市朝阳区安定门外外馆斜街3号
网　　址：http://www.ccpress.com.cn
销售电话：(010)59757973
总 经 销：人民交通出版社股份有限公司发行部
经　　销：各地新华书店
印　　刷：北京鑫正大印刷有限公司
开　　本：787×1092　1/16
印　　张：8.25
字　　数：168千
版　　次：2017年8月　第1版
印　　次：2017年8月　第1次印刷
书　　号：ISBN 978-7-114-14082-2
定　　价：35.00元

前　　言

随着我国交通建设事业的快速发展，为了加强公路水运建设项目管理，规范施工过程中试验检测行为，提高试验检测队伍的整体素质和专业技术水平，确保公路水运工程试验检测工作质量，原交通部自 1998 年以来陆续颁布了《公路水运工程试验检测人员资质管理暂行办法》《公路水运工程试验检测管理办法》和《公路水运工程试验检测人员考试办法》等系列规章制度，启动了公路水运工程试验检测人员从业资格管理。2007 年，原交通部基本建设质量监督总站以省为单位组织了公路水运工程试验检测人员业务考试；2009 年以来，交通运输部工程质量监督局会同交通运输部职业资格中心，在全国范围内先后组织了六次公路水运工程试验检测人员统一考试。

2015 年 6 月 23 日，人力资源社会保障部、交通运输部联合印发了《关于印发〈公路水运工程试验检测专业技术人员职业资格制度规定〉和〈公路水运工程试验检测专业技术人员职业资格考试实施办法〉的通知》（人社部发〔2015〕59 号），标志着公路水运工程试验检测专业技术人员水平评价类国家职业资格制度正式设立。

2017 年度公路水运工程试验检测专业技术人员职业资格考试定于 11 月 18 日、19 日举行。为了满足广大考生在考前冲刺阶段复习需要，本书依据考试大纲及考试用书相关要求而编写，包括助理试验检测师、试验检测师两个级别。各级别均按照考试科目设置情况为三个分册，即《公共基础 + 道路工程》《公共基础 + 桥梁隧道工程》《公共基础 + 交通工程》。

本书为《公共基础 + 桥梁隧道工程》分册，主要包括 3 套"公共基础"科目和 3 套"桥梁隧道工程"科目模拟试题，并附有参考答案及解析，可供报考公路水运工程助理试验检测师"桥梁隧道工程"专业科目的广大考生考前模拟自测使用。

本书编写人员分工如下：重庆交通大学张祖棠负责"公共基础"科目；重庆交通大学施尚伟、曹晓川，重庆市政设计研究院工程检测中心李莹雪，重庆市交通工程质量检测有限公司杜松负责"桥梁隧道工程"科目。

书中难免有疏漏和不当之处，请各位考生提出宝贵意见和建议，以便修订时参考。

本书编委会

2017 年 7 月

目　　录

第一部分　公共基础

模拟试题一

说明:1.本模拟试题设置单选题40道、判断题30道、多选题25道,总计120分;模拟自测时间为120分钟。

2.本模拟试题仅供考生进行考前自测使用。

一、单项选择题(下列各题中,只有一个备选项最符合题意,请填写最符合题意的一个备选项,选错或不选不得分。每题1分。)

1.资质认定办理时限的规定要求,受理决定必须在(　　)个工作日内作出,并且在(　　)个工作日内完成技术评审。

A.5; 30　　B.5; 20　　C.5; 45　　D.7; 45

2.在合同签订之前,由检验检测机构的(　　)进行合同评审。

A.检测室主任　　B.样品管理员

C.程序文件规定的业务人员　　D.技术负责人

3.有下列(　　)情形的,属于轻微违法,由县级以上质量技术监督部门责令其1个月内改正;逾期未改正或者改正后仍不符合要求的,处1万元以下罚款,处罚期间仍可对外出报告。

A.未按照资质认定部门要求参加能力验证或者比对的

B.出具的检验检测数据、结果失实的

C.超出资质认定证书规定的检验检测能力范围,擅自向社会出具具有证明作用数据、结果的

D.非授权签字人签发检验检测报告的

4.当检验检测机构出现资质认定检验检测项目取消情形时,应该采取的方法是(　　)。

A.向资质认定部门申请办理变更手续

B.自行从机构参数表内取消,并以某种形式公示

C.自行从机构参数表内取消,并报相关部门备案

D.自行从机构参数表内取消

5. 为保证检验检测结果的(　　),检验检测机构应当确保其相关测量和校准结果,能够溯源至国家标准。

A. 可靠性　　B. 正确性　　C. 精确性　　D. 准确性

6. 检验检测机构应当建立并保持出现不符合工作的(　　)。

A. 纠正措施　　B. 偏离程序　　C. 处理程序　　D. 预防措施

7. 检测机构在具备相应的业绩条件下,年限满(　　)年后,方可申报上一等级的评定。

A. 2　　B. 3　　C. 1　　D. 5

8. 根据《计量法》的规定,法定计量单位是由(　　)承认,具有法定地位的计量单位。

A. 县级以上标准化行政主管部门　　B. 国家法律法规

C. 政府机关　　D. 计量行政主管部门

9. 检验检测机构的质量方针应该由(　　)批准正式发布。

A. 质量负责人　　B. 质量主管　　C. 技术管理者　　D. 最高管理者

10. 计量认证的专业类别代码中,代表交通的是(　　)。

A. R　　B. N　　C. P　　D. Y

11. 检验检测机构的资质认定是法律法规规定的(　　)行为。

A. 管理　　B. 强制性　　C. 自愿　　D. 第三方

12. 实验室质量管理体系文件自发布后,至少运行(　　)个月,才能进行计量认证评审。

A. 1　　B. 3　　C. 6　　D. 12

13. 下列说法中正确的是(　　)。

A. 标准偏差大,变异系数亦大

B. 变异系数大,样本数据的波动性就大

C. 标准偏差反映样本数据的相对波动状况

D. 变异系数大,标准偏差亦大

14. (　　)为国际单位制单位。

A. 海里　　B. 分贝　　C. 千克　　D. 吨

15. 检验检测机构应具有安全处置、运输、存放、使用和有计划维护(　　)的程序,以确保其功能正常并防止污染或性能退化。

A. 测量系统　　B. 测量数据

C. 测量设备　　D. 校准设备

16. (　　)是我国法定计量单位。

A. 升　　B. 毫升　　C. 尺　　D. 克

17. 要实施盲样管理,样品标识中不得出现的信息是(　　)。

A. 样品名称　　B. 样品编号

C. 委托方的信息　　D. 规格及型号

18. 公路水运工程试验检测机构的乙级等级评定工作是由(　　)负责。

A. 省(市)级质量监督局　　B. 国务院主管部门

C. 交通运输部质监总站　　D. 省(市)交通质监机构

19. 依据《公路试验检测数据报告编写导则》的要求,报告落款区的信息有(　　)。

A. 编制人　　B. 审核人

C. 试验日期　　D. 监理见证人

20. 关于等级证书复核换证的基本条件,下列表述正确的是(　　)。

A. 设备环境满足等级标准要求

B. 信用等级不得有 C 级

C. 证书有效期内开展的参数不小于 75%

D. 甲级及专项类检测机构应有高速公路和大型水运工程现场检测项目或工地试验室业绩

21. 检验检测机构的监督人员应对(　　)进行监督。

A. 检测的整个过程　　B. 检测的某一工序

C. 检测的关键环节　　D. 随机抽取的一个环节

22. 国家法定计量单位的名称由(　　)公布。

A. 全国人大常委会　　B. 国务院计量行政部门

C. 中国计量测试学会　　D. 国务院

23. 对同样的极限数值,如果它本身符合要求,则(　　)。

A. 修约值比较法比全数值比较法相对较严格

B. 全数值比较法比修约值比较法相对较严格

C. 两者是一样的

D. 两者没有关系

24. 检验检测机构管理体系的内容是以满足(　　)的需要为准。

A. 体系要求　　B. 质量目标

C. 顾客要求　　D. 公司要求

25. 仪器设备的状态标识中,表明仪器设备存在部分缺陷,但在限定范围内可以使用的应为(　　)标志。

A. 绿色　　B. 黄色　　C. 红色　　D. 白色

26. 向社会出具具有证明作用报告的检验检测机构,其建立的质量体系应符合(　　)的要求。

A.《公路水运工程试验检测管理办法》

B.《检验检测机构资质认定管理办法》

C.《检测和校准实验室能力的通用要求》

D. ISO 9001 质量体系

27. 为确保实验室文件现行有效,应该采取以下( )措施。

A. 指定专人保管文件

B. 实验室的所有文件都加盖受控章

C. 文件必须存放在指定的地方

D. 建立文件控制程序

28. 计量溯源是指检验检测机构确保检测结果能够溯源至( )的要求。

A. 国家基标准　　B. 法定计量单位

C. 国家标准　　D. 地方计量标准

29. 机构负责人、技术负责人等发生变更的,应当自变更之日起( )日内到原发证质监机构办理变更登记手续。

A. 15　　B. 7　　C. 10　　D. 30

30. 母体试验检测机构要对工地试验室进行授权。下列选项中,不属于授权内容的是( )。

A. 母体试验室的设备使用权

B. 授权工地试验室的公章

C. 授权期限

D. 授权负责人

31. 由下列一组实测值得出"报出值","修约值"多保留 1 位,并将其修约到个位数,表达正确的是( )。

序号	实测值	报出值	修约值
①	15.4726	15.5^-	16
②	25.5462	25.5^+	26
③	-18.5201	-18.5^+	-18
④	-14.5000	-14.5	14

A. ①②③④　　B. ①③④　　C. ②③　　D. ②

32. 一般来讲,从所包括的内容相比较,检定比校准包括的内容( )。

A. 更少　　B. 更多

C. 一样多　　D. 选项 ABC 均不正确

33. 换证复核合格的,予以换发新的《等级证书》,证书有效期为( );不合格的,质监机构应当责令其在( )内进行整改,整改期内不得承担质量评定和工程验收的试验检测业务。

A.3 年；6 个月　　B.3 年；3 个月

C.5 年；6 个月　　D.5 年；3 个月

34. 校准是在规定的条件下，为确定仪器或测量系统所指示的量值，与对应标准复现的量值之间的关系操作，即被校的计量器具与高一级的计量标准相比较，以确定被校计量器具的示值(　　)的全部工作。

A. 合格与否　　B. 精密度

C. 一致性　　D. 误差

35. 检验检测机构在资质认定证书确定的能力范围内，对社会出具具有证明作用数据、结果时，应当标注资质认定标志。资质认定标志加盖在(　　)位置。

A. 主页上部　　B. 封面左上角

C. 封面上部适当位置　　D. 封面检验检测机构名称上

36. 检验是按照规定的程序，为了确定给定的产品、材料、设备、生物体、物理现象、工艺过程或服务的一种或多种(　　)的技术操作。

A. 特性或性能　　B. 重复性和复现性

C. 试验数据　　D. 性能和评定

37. 实验室技术记录应包括负责抽样的人员、从事各项检测和校准的人员和结果校核人员的(　　)。

A. 印章　　B. 签字　　C. 标志　　D. 签名

38. 实验室内部审核的周期通常为(　　)。

A.2 年　　B.1 年　　C.6 个月　　D.3 个月

39. 管理评审是实验室的执行管理层根据预定的日程和程序，定期对实验室的质量体系检测和校准活动进行评审，典型的周期为(　　)。

A.1 个月　　B.12 个月　　C.24 个月　　D. 不定期

40. 选择合格仪器设备的检定/校准服务单位，一般应评价(　　)。

A. 检定/校准服务实验室的规模

B. 检定/校准服务机构的检定资质

C. 检定/校准服务实验室的性质

D. 检定/校准服务机构的部门属性

二、判断题(请对下列题述观点正确与否进行判断，判断准确得分，否则不得分。每题 1 分。)

1. 外资、分支机构申请资质认定按照规定必须具备 3 年及 3 年以上在所在国或者地区从事相关检测活动的业务经历。

( )正确 ( )不正确

2. 生产企业内部的检验检测机构也可以申请资质认定。

( )正确 ( )不正确

3. 检测机构的检验检测报告和记录归档应该留存6年,以保证其具有可追溯性。

( )正确 ( )不正确

4. 对委托检测检测报告不能有“仅对来样负责”表述。

( )正确 ( )不正确

5. 依据计量检定规程对测量仪器的合格性进行评定,各检定点的示值误差不超过该被检仪器的最大允许误差时,就可以认为其符合准确度级别的要求。

( )正确 ( )不正确

6. 母体试验检测机构取得资质认定证书,其设立的工地试验室在出具批准的认证参数的试验报告时,也可加盖 CMA 标识用章。

( )正确 ( )不正确

7. 检定的设备无需对其检定结果进行确认。

( )正确 ( )不正确

8. 计量确认是确保测量设备处于满足预期使用要求的状态所需要的一组操作。

( )正确 ( )不正确

9. 检验检测设备应由经过授权的人员操作,还应保存对检验检测具有重要影响的设备的记录,软件不属于设备范畴。

( )正确 ( )不正确

10. 当测试方法发生偏离时,出具的试验报告应对偏离情况作出说明,对被检测样品不再作出合格与否结论。

( )正确 ( )不正确

11.《公路试验检测数据报告编写导则》规定了记录和报告的唯一标识编码规则。

( )正确 ( )不正确

12. 工地试验室应在其母体检测机构授权的项目及参数范围内开展检测活动,如果属规范变化而新增参数的,可以根据需要开展检测活动。

( )正确 ( )不正确

13. 纠正措施就是对实验室发现的不符合工作立即采取纠正。

( )正确 ( )不正确

14. 修正值等于负的随机误差估计值。

( )正确 ( )不正确

15. 报告的扉页未记录有试验检测的数据和结论,因此不记入报告的总页数。

( )正确 ( )不正确

16. 自校准是试验检测机构使用自有人员、设备及环境等条件，为保证仪器设备量值准确可靠而开展的校准活动。

( )正确 ( )不正确

17. 使用频率低的设备需要进行期间核查。

( )正确 ( )不正确

18. 授权机构相同，同期在同一项目不同的路基工地试验室任试验员，属于同时受聘于两家以上的工地试验室。

( )正确 ( )不正确

19. 检测机构参加交通运输部组织的比对试验中，连续 2 次出现“不满意”结果，将被降低机构等级。

( )正确 ( )不正确

20. 测力环经校准，测得力值与百分表读数结果如下：

力值(kN)(X)	0	10	20	30	40	50
百分表读数(mm)(Y)	1.000	1.784	2.572	3.380	4.183	4.990

校准结果确认为 $Y=0.0799X+0.988$，$R^2=1$。

( )正确 ( )不正确

21. 两个独立事件 M、N 发生的概率分别为 $P(M)$、$P(N)$，则 $P(M+N)=P(M)+P(N)$。

( )正确 ( )不正确

22. 检验检测专用章应表明检验检测机构完整的、准确的名称。

( )正确 ( )不正确

23. 周期检定是按时间间隔和规定程序，对仪器设备定期进行的一种后续检定。

( )正确 ( )不正确

24. 公路水运工程试验检测是对公路水运工程所用材料、构件、工程制品、工程实体的质量进行试验检测活动。

( )正确 ( )不正确

25. 记录表是用来记录试验的数据和相关信息，具有唯一性。

( )正确 ( )不正确

26. 对带有合格证的出厂设备进行检定校准是设备销售的需要，对保证试验检测数据准确可靠并无作用。

( )正确 ( )不正确

27. 扩展不确定度是合成不确定度与一个大于 1 的数字因子的乘积。

(　　)正确　　　　(　　)不正确

28. 实验室间的比对结果评价标准应由实验室根据自身的实验水平预先确定。

(　　)正确　　　　(　　)不正确

29. 公路水运工程安全生产监督管理的方针是坚持“安全第一、预防为主、综合治理”。

(　　)正确　　　　(　　)不正确

30. 只有客户以书面形式表达的对检验检测机构的检验检测服务或者数据、结果的质量或服务上的不满意或者抱怨才能叫投诉。

(　　)正确　　　　(　　)不正确

三、多项选择题(在下列各题的备选答案中,有两个或两个以上的备选项符合题意,请填写符合题意的备选项,选项部分正确按比例得分,出现错误选项该题不得分,完全正确的得满分。每题2分。)

1. 依据实验室评审准则,监督应重点考虑(　　)的情况。

A. 新上岗人员　　B. 设备经过维修后的项目或参数

C. 新开展的项目　　D. 标准、规范发生变化后的项目或参数

2. 抽样检验是指抽取的样品应当具有(　　)。

A. 经济性　　B. 代表性

C. 特定性　　D. 随机性

3. 工地试验室标准化建设的核心是(　　)。

A. 质量管理精细化　　B. 检测工作科学化

C. 硬件建设标准化　　D. 数据报告公正化

4. 在表征硅含量(%)(极限数值为≤0.05)其测定值或者计算值按照修约值比较法修约后符合要求的值是(　　)。

A. 0.054　　B. 0.060　　C. 0.055　　D. 0.046

5. 申请换证复核的试验检测机构应符合(　　)等基本条件。

A. 上年度信用等级为B级以上

B. 等级证书有效期内信用等级为C级的次数不超过一次

C. 等级证书有效期内开始的试验检测参数应覆盖批准的所有试验检测项目且不少于批准参数的70%

D. 试验检测人员、设备、环境满足初次申请时等级标准要求

6.《计量法》中规定的“使用不合格的计量器具”是指(　　)。

A. 使用的设备未经检定　　B. 超过检定合格有效期的设备

C. 经检定不合格的计量器具　　D. 未贴检定标识的设备

7. 国家对用于(　　)的列入强制检定目录的工作计量器具,实行强制检定制度。

A. 环境监测　　B. 安全防护　　C. 医疗卫生　　D. 贸易结算

8. 下列关于因果图的表述,错误的是(　　)。

A. 一种逐步深入研究和讨论质量问题的图示方法

B. 优于直方图

C. 又称特性要素图

D. 因果图可称为巴氏图

9. 国家法定计量检定机构的计量检定人员,必须具备(　　)条件。

A. 经县级以上人民政府计量行政部门考核合格

B. 经县级以上人民政府计量行政部门任命

C. 取得资格证书

D. 经县级以上人民政府计量行政部门批准

10. 实验室能力验证的类型包括(　　)。

A. 测量对比　　B. 分割样品检测对比

C. 设备对比　　D. 人员对比

11. 下列选项中,(　　)属于组合单位。

A. 立方米　　B. 秒　　C. 千克　　D. 每米

12. 下列选项中,(　　)属于试验室超业务范围进行检测活动。

A. 母体检测机构开展等级证书未批准的参数,报告加盖试验检测专用章

B. 母体检测机构开展的参数通过计量认证,报告加盖 CMA 印章

C. 工地试验室被授权的参数未在等级证书范围,但在计量认证参数范围

D. 工地试验室被授权的参数不在等级证书范围,但属于规范新增参数

13. 检定/校准的对象通常为(　　)。

A. 检测设备　　B. 标准物质　　C. 样品　　D. 测量仪器

14. 下列有关随机测量误差的表述,正确的是(　　)。

A. 随机测量误差的参考量值是对同一被测量由无穷多次重复测量得到的平均值

B. 随机测量误差的参考量值是对不同被测量由无穷多次重复测量得到的平均值

C. 随机测量误差等于测量误差减系统测量误差

D. 随机测量误差等于测量误差减系统测量误差的估计值

15. 下列选项中,(　　)可作为复核换证试验检测机构业绩的报告。

A. 母体机构出具的试验报告

B. 参加能力验证的项目或报告

C. 母体机构授权工地试验室出具的报告

D. 模拟试验出具的报告

16. 下列选项中,(　　)可以通过验证方式进行溯源。

A. 未经定型的专用检测仪器设备

B. 借用的永久控制范围以外的仪器设备

C. 暂不能溯源到国家基准的设备

D. 作为工具使用不传输数据的仪器设备

17. 下列对重复抽样的表述,正确的是(　　)。

A. 重复抽样属于随机抽样

B. 重复抽样能确保全部样本被抽中的概率相等

C. 重复抽样是每次从总体中随机抽取的一个样本观察后不再放回总体的一种抽样方式

D. 重复抽样是每次从总体中随机抽取的一个样本观察后重新放回总体的一种抽样方式

18. 能力验证计划的基本步骤包括(　　)。

A. 指定值的确定

B. 能力统计量的计算

C. 能力评定

D. 能力验证物品均匀性和稳定性的评定

19. 试验检测机构、工地试验室及现场检测项目信用评价的依据包括(　　)。

A. 各级质监机构开展的监督检查中发现的违规行为

B. 上一年度信用评价时发现的严重违规行为

C. 交通运输主管部门通报批评中的违规行为

D. 投诉举报查实的违规行为

20. 资质认定活动的管理主体是(　　)。

A. 国家认监委　　B. 县级以上质监部门

C. 直属检验检疫局　　D. 省(市)质监部门

21. 凡是获取资质认定证书机构的从业人员在进行检验检测活动中,必须(　　)。

A. 客观公正　　B. 科学严谨

C. 公平公正　　D. 诚实信用

22. 延续证书有效期,资质认定部门可以采取书面审查和现场评审两者方式,作出是否准予延续的决定。如采用书面审查的方式延续证书,检验检测机构就需要(　　)。

A. 提交相关具备资质能力的证明材料

B. 以公开方式,作出诚信承诺

C. 公布其遵守法律法规、独立公正从业、履行社会责任等情况的自我声明

D. 对自我声明的真实性负责

23. 授权签字人签发试验检测报告需确认的必要信息包括(　　)。

A. 委托单的信息　　B. 原始记录与报告信息的一致

C. 试验检测人员持证是否满足要求　　D. 仪器设备是否合格

24. 自校准的设备应满足下列哪些条件(　　)。

A. 使用频率较高的设备

B. 设备自带校准程序

C. 设备厂家提供了无溯源证书的标准样品

D. 未经定型的专用检测仪器设备

25. 下列关于测量准确度的表述,正确的是(　　)。

A. 是测得值与其真值的一致程度

B. 是无穷多次重复测量所得量值的平均值与一个参考量值间的一致程度

C. 在规定条件下,对同一或类似被测对象重复测量所得示值或测得值间的一致程度

D. 测量准确度不是一个量,不能给出有数字的量值

模拟试题二

说明:1. 本模拟试题设置单选题40道、判断题30道、多选题25道,总计120分;模拟自测时间为120分钟。

2. 本模拟试题仅供考生进行考前自测使用。

一、单项选择题(下列各题中,只有一个备选项最符合题意,请填写最符合题意的一个备选项,选错或不选不得分。每题1分。)

1. 公路水运工程试验检测人员的继续教育周期为(　　)年;每个周期内接受继续教育的时间累计不应少于(　　)学时。

A. 1;24　　B. 2;24　　C. 1;12　　D. 2;12

2. 合同评审活动可被理解为确保检验检测活动达到规定目标的(　　)所进行的活动。

A. 适宜性和合法性　　B. 充分性和合理性

C. 充分性和有效性　　D. 有效性和合法性

3. 检验检测机构应当建立处理投诉和申诉的(　　)。

A. 规定　　B. 程序

C. 措施　　D. 作业指导书

4. 检验检测机构在对检验检测结果、抽样结果的准确性或有效性有显著影响的设备投入使用前,进行设备校准的程序。这里的校准是指(　　)。

A. 检查是否具备检定证书

B. 检查仪器设备是否能正常开机、显示数据

C. 检查设备检定精度、偏差值是否满足检测要求

D. 检查设备与检定证书信息的一致性

5.《等级证书》期满后,检测机构应提前(　　)个月向原发证机构提出换证申请。

A. 6　　B. 5　　C. 4　　D. 3

6. 对于签发的涉及结构安全的产品或试验检测项目不合格报告,工地试验室授权负责人应在(　　)个工作日之内报送试验检测委托方。

A. 7　　B. 5　　C. 2　　D. 1

7. 随机误差源于(　　)。

A. 仪器误差　　B. 人为误差

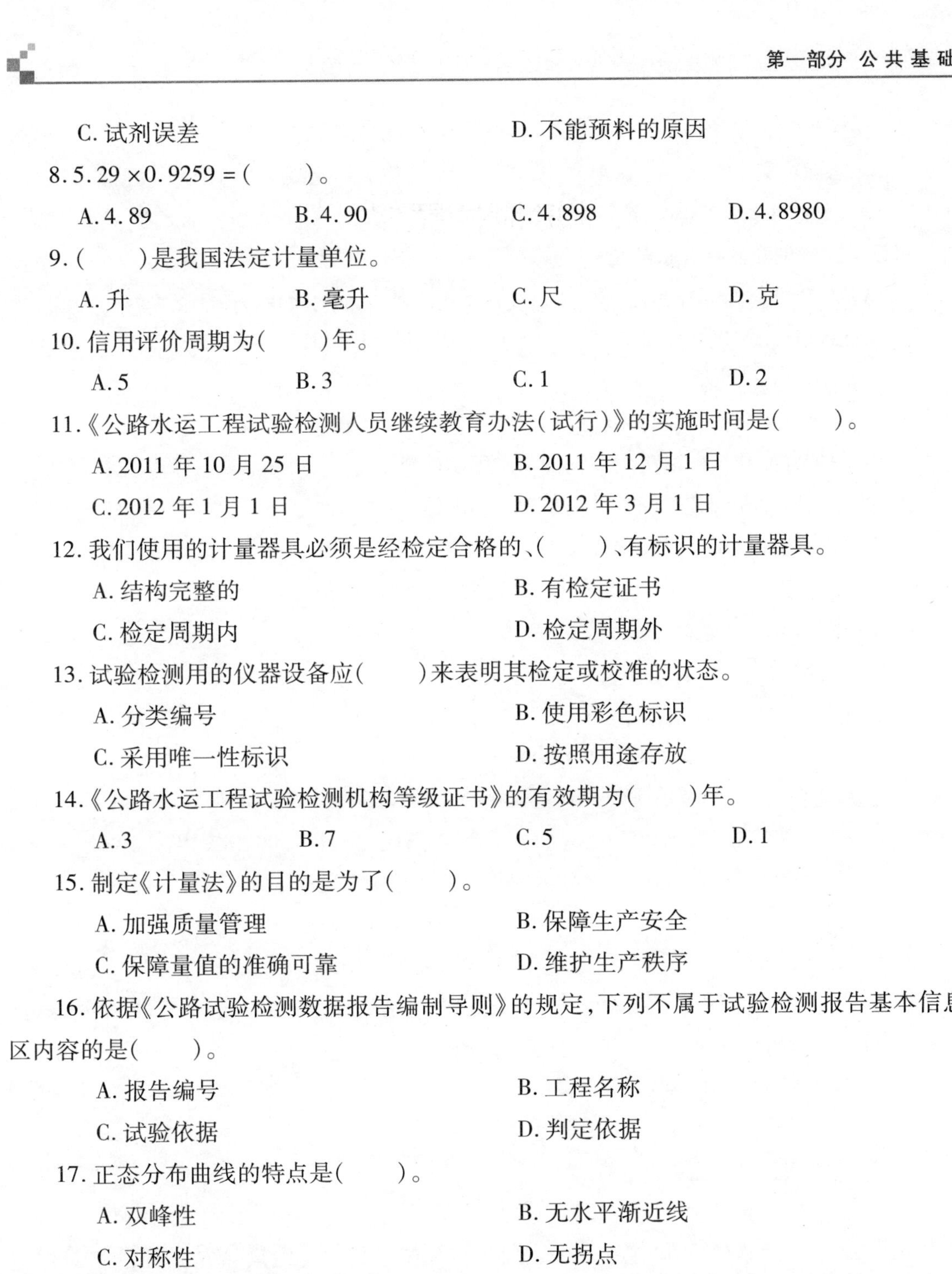

C. 试剂误差　　D. 不能预料的原因

8. 5.29 ×0.9259 =（　　）。

A. 4.89　　B. 4.90　　C. 4.898　　D. 4.8980

9.（　　）是我国法定计量单位。

A. 升　　B. 毫升　　C. 尺　　D. 克

10. 信用评价周期为（　　）年。

A. 5　　B. 3　　C. 1　　D. 2

11.《公路水运工程试验检测人员继续教育办法（试行）》的实施时间是（　　）。

A. 2011 年 10 月 25 日　　B. 2011 年 12 月 1 日

C. 2012 年 1 月 1 日　　D. 2012 年 3 月 1 日

12. 我们使用的计量器具必须是经检定合格的、（　　）、有标识的计量器具。

A. 结构完整的　　B. 有检定证书

C. 检定周期内　　D. 检定周期外

13. 试验检测用的仪器设备应（　　）来表明其检定或校准的状态。

A. 分类编号　　B. 使用彩色标识

C. 采用唯一性标识　　D. 按照用途存放

14.《公路水运工程试验检测机构等级证书》的有效期为（　　）年。

A. 3　　B. 7　　C. 5　　D. 1

15. 制定《计量法》的目的是为了（　　）。

A. 加强质量管理　　B. 保障生产安全

C. 保障量值的准确可靠　　D. 维护生产秩序

16. 依据《公路试验检测数据报告编制导则》的规定，下列不属于试验检测报告基本信息区内容的是（　　）。

A. 报告编号　　B. 工程名称

C. 试验依据　　D. 判定依据

17. 正态分布曲线的特点是（　　）。

A. 双峰性　　B. 无水平渐近线

C. 对称性　　D. 无拐点

18. CMA 是（　　）的英文缩写。

A. 中国计量认证　　B. 国际计量认证

C. 计量合格证　　D. 计量资格证

19. 检验检测机构有责任满足专门人员的持证上岗要求，尤其在某些技术领域，如（　　）就要求从事这些工作的人员持有个人资格证书。

A. 无机结合料检测　　B. 水泥检测
C. 路面检测　　D. 结构无损检测

20. 按照《公路水运工程试验检测机构等级标准》要求,下列不属于综合乙级对沥青混合料项目设备配置的强制性要求的是(　　)。

A. 电子天平　　B. 马歇尔稳定度仪
C. 最大理论密度测定仪　　D. 车辙试验机

21. 盲样管理的目的是(　　)。

A. 保证样品在流转过程中样品信息不泄露
B. 保证样品在流转过程中委托方信息不被泄露
C. 保证样品在流转过程中委托单编号不泄露
D. 保证样品在检测过程中样品编号不泄露

22. 制定《公路水运工程试验检测人员继续教育办法(试行)》的依据是(　　)。

A.《建设工程质量管理条例》
B.《公路建设市场管理办法》
C.《公路法》
D.《公路水运工程试验检测管理办法》

23. 下列选项中,(　　)不属于实验室检测/校准报告证书中的印章符号。

A. CNAS　　B. CMA　　C. CAL　　D. CMC

24. 下列选项中,(　　)的符号全部为国际单位的基本单位。

A. mol,cd,N,K　　B. m,s,A,℃
C. A,K,m,kg　　D. s,N,MPa,m

25. 检验检测机构应将原始观察记录、导出数据,开展跟踪审核的足够信息、校准记录、员工记录,以及发出的每份检测报告或校准证书的副本(　　)。

A. 按规定的时间保存
B. 尽可能长的时间保存
C. 按最短的时间保存
D. 无规定保存时间

26. 试验室用的烘箱在示值为180℃处的实际值为182℃,则烘箱在此处的相对误差为(　　)。

A. 1.1%　　B. −2℃　　C. −1.1%　　D. −0.25%

27. 为了检验检测机构工作开展需要,应该在其内部设立专门的(　　)。

A. 技术领导小组　　B. 总工办
C. 技术协调小组　　D. 技术委员会

28. 下列选项中,(　　)不会包括在最高管理者授权发布的质量方针中。

A. 管理体系的目的

B. 为客户提供检验检测服务质量的承诺

C. 质量管理目标

D. 遵循准则要求、持续改进管理体系的承诺

29. 交通运输基本建设的强制性行业标准代号是(　　)。

A. JTG　　B. JTG/T　　C. JGJ/T　　D. JTJ

30. 信用等级被评为很差的工地试验室授权负责人,(　　)年内不能担任工地试验室授权负责人。

A. 1　　B. 2　　C. 3　　D. 5

31. 1 平方米面积上均匀垂直作用于 1 牛顿力所形成的压强,称之为(　　)。

A. 1 千克力　　B. 1 兆帕　　C. 1 牛　　D. 1 帕

32. 检验检测机构只应对(　　)申诉、投诉的处理过程及结果及时记录,按规定归档。

A. 以书面形式的　　B. 合理的

C. 不合理的　　D. 选项 ABC

33. 检验检测机构的人员负有保密义务,因此,检验检测机构应当建立并实施相应的保密(　　)。

A. 规定　　B. 程序　　C. 措施　　D. 方针

34. 建立公路水运工程工地试验室是为了进一步加强工地试验室管理,规范试验检测行为,提高试验检测数据的(　　)和准确性,保证公路水运工程质量。

A. 客观性　　B. 完整性　　C. 科学性　　D. 真实性

35. 作为责任主体的(　　)应该加强对授权工地试验室的管理和指导,并对工地试验室试验检测结果的真实性和准确性负责。

A. 施工总包机构　　B. 施工检测机构

C. 母体试验检测机构　　D. 工程监督机构

36. 在试验检测中,两个测量数据分别记录为:甲 15.50^{+},乙 15.50^{-},该记录表示(　　)。

A. 甲实测值比 15.50 大,经修约舍弃为 15.50;乙实测值比 15.50 小,经修约进 1 为 15.50

B. 甲实测值比 15.50 小,经修约进 1 为 15.50;乙实测值比 15.50 大,经修约舍弃后为 15.50

C. 甲实测值比 15.50 大,经修约进 1 为 15.50;乙实测值比 15.50 大,经修约舍弃后为 15.50

D. 甲实测值比 15.50 小,经修约进 1 为 15.50;乙实测值比 15.50 小,经修约进 1 后为

15.50

37. 下列不属于初审必须完成的工作的是(　　)。

A. 检查检测机构检定和校准是否按规定进行

B. 检查检测机构采用的试验检测标准、规范和规程是否合法有效

C. 检查检测机构申报材料与实际状况的符合性

D. 检查检测机构是否具有良好的试验检测业绩

38. 换证复核评审不合格的检测机构,质监机构应当责令其在(　　)天内进行整改,整改期内不得承担质量评定和工程验收的试验检测业务。

A. 30　　B. 90　　C. 15　　D. 180

39. 按照《公路水运工程试验检测专业技术人员职业资格考试实施办法》,下列选项中,不属于助理检测工程师职业能力要求的是(　　)。

A. 熟悉相关的技术标准、规范、规程

B. 熟悉相关的法律法规

C. 编制试验检测报告

D. 编制试验检测方案

40. 按照国际单位制要求的记录形式,用万分之一的分析天平准确称量0.8g试样,正确的原始记录表述是(　　)。

A. 0.8g　　B. 0.80g　　C. 0.800g　　D. 0.8000g

二、判断题(请对下列题述观点正确与否进行判断,判断准确得分,否则不得分。每题1分。)

1. 公路工程从规划到养护管理全过程所需要制定的技术、管理与服务标准,以及相关的安全、环保和经济方面的评价等标准都是公路工程标准体系范围。

(　　)正确　　(　　)不正确

2. 只有国家标准才有强制性标准和推荐性标准之分。

(　　)正确　　(　　)不正确

3.《公路水运工程试验检测信用评价办法(试行)》对试验检测人员信用评价划分为五个等级。

(　　)正确　　(　　)不正确

4.《关于进一步加强公路水运工地试验室管理工作的意见》是由省级交通质量监督机构发布的。

(　　)正确　　(　　)不正确

5.《公路水运工程试验检测信用评价办法(试行)》也适用于承担公路水运工程质量检定

的其他试验检测业务的试验检测机构诚信行为的评价。

( )正确 ( )不正确

6. 工地试验室及现场检测出具虚假数据报告并造成质量标准降低的,信用评价扣100分。

( )正确 ( )不正确

7. 检测人员应该独立开展检测工作,并保证试验检测数据科学、客观、公正,对试验检测结果承担法律责任。

( )正确 ( )不正确

8. 机构评审中,如果初审合格的就进入现场评审阶段;但是初审认为有需要补正的,质监机构应当及时退还申请材料,并说明理由。

( )正确 ( )不正确

9. 申请换证复核的试验检测机构,应将机构、人员等信息录入部质监局试验检测管理信息系统。

( )正确 ( )不正确

10. 检测机构对属于部质监局评定的增项复核申请,应该在等级证书有效期满,报部质监局。

( )正确 ( )不正确

11. 检测机构依据合同承担公路水运工程试验检测业务,一律不得转包、分包。

( )正确 ( )不正确

12. 一个组织的质量管理体系可以有几个。

( )正确 ( )不正确

13. 能力验证活动中的样品均匀性检验应该在尽可能短的时间内,由同一实验室、同一人员、采用同一方法、同一设备,完成样品的检验。

( )正确 ( )不正确

14. 国际单位制由SI基本单位、SI导出单位、SI词头和SI单位的倍数和分数单位构成。

( )正确 ( )不正确

15. 可以采用外包形式制备能力验证的样品。

( )正确 ( )不正确

16. 无论是持有公路水运工程试验检测工程师或助理试验检测师证书的实验检测从业人员,以及取得公路水运工程实验检测等级证书并承担公路水运工程质量鉴定、验收、评定(检验)、监测机构,还是第三方实验检测业务的实验检测机构的从业承诺履行状况等诚信行为的评价,都要遵循《公路水运工程试验检测信用评价办法(试行)》。

( )正确 ( )不正确

17. 试验检测机构的信用评价采用综合评分制。

(　　)正确　　　　　　　　　　　　　　(　　)不正确

18. 在一个行政区域内的所有公路水运工程检测机构的换证复核工作应该由省级质监机构负责。

(　　)正确　　　　　　　　　　　　　　(　　)不正确

19. 属于部质监局评定的增项复核以现场核查为主。

(　　)正确　　　　　　　　　　　　　　(　　)不正确

20. 对检测机构进行现场核查过程中发现涉及机构、个人出具虚假数据问题,采取整改方式处理。

(　　)正确　　　　　　　　　　　　　　(　　)不正确

21. 施工单位、监理单位应根据工程质量安全管理需要或合同约定,在工程现场自行设立工地试验室,一律不能委托第三方检测机构设立工地试验室。

(　　)正确　　　　　　　　　　　　　　(　　)不正确

22. 同一个量在重复条件下测量结果不同时的不确定度是不同的。

(　　)正确　　　　　　　　　　　　　　(　　)不正确

23. 公路水运工程试验检测专业技术人员职业资格证书由交通运输部职业资格中心登记,并向社会公布。

(　　)正确　　　　　　　　　　　　　　(　　)不正确

24. 检测机构可设立工地临时试验室,承担相应公路水运工程的试验检测业务,并对其试验检测结果承担责任。检测机构应该负责工地临时试验室的业务指导、行政管理、监督检查。

(　　)正确　　　　　　　　　　　　　　(　　)不正确

25. 校准周期属于强制性约束的内容。

(　　)正确　　　　　　　　　　　　　　(　　)不正确

26. 为了评定计量器具的技术特性,计量检定规程规定了检定参数和范围。

(　　)正确　　　　　　　　　　　　　　(　　)不正确

27. 校准过程中产生了修正因子,检验检测机构需确保备份得到正确更新。

(　　)正确　　　　　　　　　　　　　　(　　)不正确

28. 测量不确定度与具体测量得到的数值大小有关。

(　　)正确　　　　　　　　　　　　　　(　　)不正确

29. 申诉是客户对检验检测机构提供的检验检测服务或者数据、结果提出正式的书面异议或者争议。

(　　)正确　　　　　　　　　　　　　　(　　)不正确

30.《检验检测机构资质认定管理办法》(质检总局令第163号)包括7章共50条内容。

(　　)正确　　　　　　　　　　　　　　(　　)不正确

三、多项选择题（在下列各题的备选答案中，有两个或两个以上的备选项符合题意，请填写符合题意的备选项，选项部分正确按比例得分，出现错误选项该题不得分，完全正确的得满分。每题2分。）

1. 下列有关系统测量误差的表述，正确的是（　　）。

A. 测得量值与参考量值之差称系统测量误差

B. 在重复测量中保持不变或按可预见方式变化的测量误差的分量称系统测量误差

C. 测量误差包括样品制备不当产生的误差

D. 系统测量误差及来源已知时，可采用修正值进行补偿

2. 能力验证结果通常需要转化为能力统计量，以下表达式中代表定量结果能力统计量的是（　　）。

A. 差值 D　　B. 标准四分位间距

C. $D\%$　　D. 中位值

3. 检验检测机构应该具有固定的场所和工作环境，满足检验检测要求，工作场所形式包括（　　）。

A. 固定设施　　B. 临时设施

C. 移动设施　　D. 野外设施

4. 以下属于测量设备的有（　　）。

A. 测量仪器　　B. 软件

C. 测量标准　　D. 参考标准

5. 抽样方案至少应当包括（　　）。

A. 样本量　　B. 质量判定规则

C. 抽样时间　　D. 抽样方法

6. 资质认定应该经过的环节包括（　　）。

A. 受理　　B. 技术评审

C. 行政审批　　D. 发证

7. 关于计量检定，下列说法正确的是（　　）。

A. 计量检定是进行量值传递的重要形式

B. 计量检定就是对设备进行检验

C. 计量检定是保证量值准确一致的重要措施

D. 计量检定包括检验和加封盖印

8. 作业指导书是管理体系文件之一，它包括的内容是（　　）。

A. 仪器设备操作规程　　B. 仪器设备档案记录

C. 方法的实施细则　　D. 仪器设备说明书

9. 公路水运工程试验检测机构出现下列(　　)行为的，其信用等级评定直接确定为D级。

A. 出借试验检测等级证书承揽试验检测业务

B. 借用试验检测等级证书承揽试验检测业务

C. 出具虚假数据报告

D. 所设立的工地试验室有得分为0分

10. 测量数据的表达方法通常有(　　)等。

A. 表格法　　B. 图示法

C. 经验公式法　　D. 坐标法

11. 资质认定标志(CMA 图案和资质认定证书编号)的颜色建议为(　　)。

A. 红色　　B. 蓝色

C. 朱红色　　D. 黑色

12. 实验室建立的管理体系要满足实验室资质认定评审准则的要求，因此要具有(　　)等特性。

A. 系统性　　B. 科学性

C. 有效性　　D. 完整性

13. 检验检测机构可以使用的检测方法有(　　)。

A. 行业标准方法　　B. 非标准方法

C. 检验检测机构制定的方法　　D. 国家标准方法

14. 设备在出现下列(　　)情形时，必须停用。

A. 给出可疑结果　　B. 超出规定限度

C. 曾经过载　　D. 不能正常开机

15. 下列配套文件中，哪些文件属于管理类的配套文件(　　)。

A. 检验检测机构资质认定　检验检测专用章使用要求

B. 检验检测机构资质认定　公正性和保密性要求

C. 检验检测机构资质认定评审准则

D. 检验检测机构资质认定申请书

16.《公路水运工程安全生产监督管理办法》已于2016年3月7日起施行，其编制的依据是(　　)。

A.《中华人民共和国安全生产法》

B.《建设工程安全生产管理条例》

C.《公路法》

D.《安全生产许可证条例》

17. 质量检验的可靠性与(　　)有关。

A. 质量检验手段的可靠性　　B. 抽样检验方法的科学性

C. 仪器设备的量程　　D. 抽样方案的科学性

18. 下列申请人有权向省级以上质量技术监督部门提出质量鉴定申请(　　)。

A. 司法机关

B. 处理产品质量纠纷的有关社会团体

C. 产品质量争议双方当事人

D. 质量技术监督部门或者其他行政管理部门

19. 行业标准的编号由(　　)组成。

A. 国家标准代号　　B. 行业标准代号

C. 标准顺序号　　D. 年号

20. 工地试验室标准化建设的核心是(　　)。

A. 质量管理精细化　　B. 检测工作科学化

C. 硬件建设标准化　　D. 数据报告公正化

21. 承担公路水运工程质量事故鉴定的试验检测机构应满足以下(　　)条件。

A. 取得由交通运输主管部门颁发的《等级证书》

B. 通过计量认证

C. 通过国家实验室认可

D. 取得由交通运输主管部门颁发的甲级或者相应专项能力的《等级证书》

22. 检验检测机构应该具有固定的场所和工作环境,满足检验检测要求,工作环境不满足要求时,可以采取(　　)方式,确保检测室的良好状态。

A. 时间隔离　　B. 空间隔离　　C. 物理隔离　　D. 人员隔离

23. 检验检测机构应当定期向资质认定部门上报年度报告,年度报告的内容必须包括(　　)。

A. 持续符合资质认定条件和要求

B. 遵守从业规范

C. 开展检验检测活动

D. 期内的检测业绩

24. 测力环经校准,测得力值与百分表读数如下:

力值(kN)(X)	0	1	2	3	4	5
百分表读数(mm)(Y)	1.000	1.440	1.878	2.330	2.780	3.246

对校准结果确认计算正确的是(　　)。

A. $Y=2.2288X-2.2079, R^2=0.999$

B. $Y=0.4486X+0.9908, R^2=0.999$

C. $Y=2.2288X+2.2079, R^2=0.999$

D. $Y=0.4486X-0.9908, R^2=0.999$

25. 期间核查可以采用的方式是(　　)。

A. 仪器间的比对

B. 标准物质验证

C. 方法比对

D. 加标回收

模拟试题三

说明:1. 本模拟试题设置单选题40道、判断题30道、多选题25道,总计120分;模拟自测时间为120分钟。

2. 本模拟试题仅供考生进行考前自测使用。

一、单项选择题(下列各题中,只有一个备选项最符合题意,请填写最符合题意的一个备选项,选错或不选不得分。每题1分。)

1. 检验检测机构应该具备正确进行检验检测活动所需要的,并且能够独立调配使用的(　　)检测场所。

A. 固定的　　B. 固定的和可移动的

C. 固定的和临时的　　D. 固定的、临时的和可移动的

2. 检验检测机构应该有与其从事检验检测能力相适应的(　　)。

A. 专业技术人员和关键岗位人员

B. 管理人员和检验检测人员

C. 专业技术人员和管理人员

D. 检测人员、关键岗位人员和辅助人员

3. (　　)必须申请检验检测机构资质认定。

A. 企业内部的检测部门

B. 大专院校的实验室

C. 计量检定研究院

D. 为社会出具具有证明作用的数据和结果的机构

4. 检验检测机构一般应为独立法人,非独立法人的机构需要进行(　　)。

A. 由上级主管单位确认其最高管理者

B. 经法人书面授权

C. 县级以上资质认定部门批准

D. 当地资质认定部门批准

5. 检验检测机构的管理体系应当覆盖(　　)。

A. 在固定场所开展的检验检测工作

B. 在非固定场所实施的质量管理和开展的检验检测工作

C. 在所有场所进行的质量管理和开展的检验检测工作

D. 在其他场所开展的检验检测工作

6. 检测过程中使用不合格的计量器具或者破坏计量器具准确度，给国家和消费者造成损失的，会受到相应处罚。下列选项中，不属于相应处罚措施的是(　　)。

A. 没收违法所得　　B. 暂停涉事检测人员检测业务

C. 责令赔偿损失　　D. 没收计量器具

7. 检验检测机构的质量负责人的责任是(　　)。

A. 对技术方面的工作全面负责

B. 对技术工作日常负责

C. 技术负责人的代理人

D. 对管理体系的运行全面负责

8. 检验检测机构质量手册的现行有效，由检验检测机构的(　　)负责保持。

A. 最高管理者　　B. 内审员

C. 技术负责人　　D. 质量负责人

9. 检验检测机构应该确保人员不受任何来自外部的不正当的商业、财务和其他方面的压力和影响，还要防止来自外部的(　　)。

A. 行政干预　　B. 行业影响

C. 商业贿赂　　D. 行政命令

10. 授权签字人是指由实验室提名，经过(　　)，能在实验室被认可范围内的检测报告或者校准证书上获准签字的人员。

A. 企业上级部门批准

B. 资质认定部门考核批准

C. 评审组考核批准

D. 上级部门考核批准

11. 数字 45^{+2}_{-3}代表(　　)。

A. 小于 47 的值均符合要求

B. 大于 47 的值均符合要求

C. 介于 42 ~ 47 的值均符合要求

D. 介于 42 ~ 47 且包含 42 和 47 的值均符合要求

12. 按照《建设工程质量管理条例》规定，若检验检测机构(　　)，由县级以上地方人民政府建设主管部门责令改正，可并处 1 万元以上 3 万元以下的罚款；构成犯罪的，依法追究刑事责任。

A. 委托未取得相应资质的检测机构进行检测的

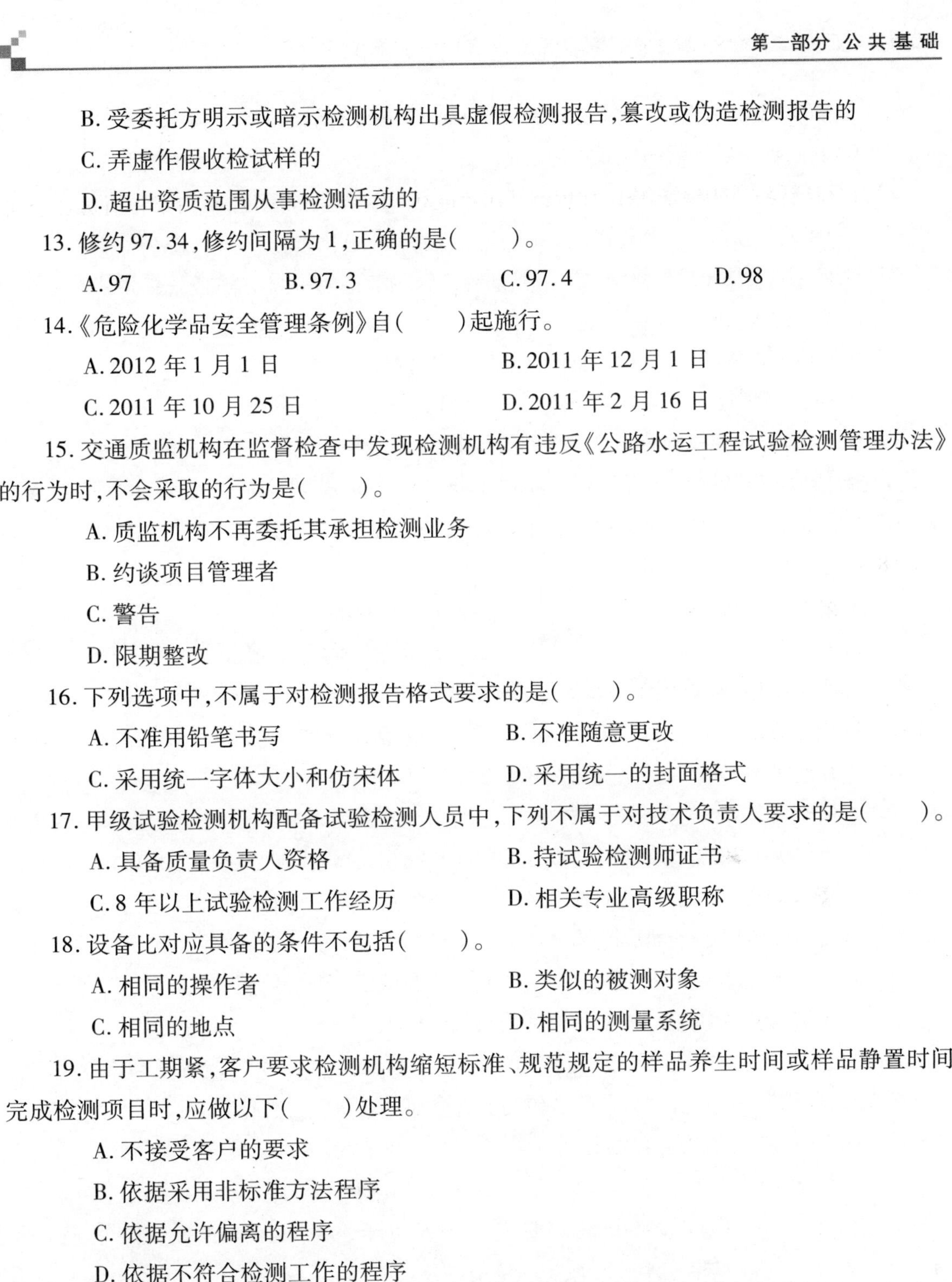

B. 受委托方明示或暗示检测机构出具虚假检测报告,篡改或伪造检测报告的

C. 弄虚作假收检试样的

D. 超出资质范围从事检测活动的

13. 修约 97.34,修约间隔为 1,正确的是( )。

A. 97　　B. 97.3　　C. 97.4　　D. 98

14.《危险化学品安全管理条例》自( )起施行。

A. 2012 年 1 月 1 日　　B. 2011 年 12 月 1 日

C. 2011 年 10 月 25 日　　D. 2011 年 2 月 16 日

15. 交通质监机构在监督检查中发现检测机构有违反《公路水运工程试验检测管理办法》的行为时,不会采取的行为是( )。

A. 质监机构不再委托其承担检测业务

B. 约谈项目管理者

C. 警告

D. 限期整改

16. 下列选项中,不属于对检测报告格式要求的是( )。

A. 不准用铅笔书写　　B. 不准随意更改

C. 采用统一字体大小和仿宋体　　D. 采用统一的封面格式

17. 甲级试验检测机构配备试验检测人员中,下列不属于对技术负责人要求的是( )。

A. 具备质量负责人资格　　B. 持试验检测师证书

C. 8 年以上试验检测工作经历　　D. 相关专业高级职称

18. 设备比对应具备的条件不包括( )。

A. 相同的操作者　　B. 类似的被测对象

C. 相同的地点　　D. 相同的测量系统

19. 由于工期紧,客户要求检测机构缩短标准、规范规定的样品养生时间或样品静置时间完成检测项目时,应做以下( )处理。

A. 不接受客户的要求

B. 依据采用非标准方法程序

C. 依据允许偏离的程序

D. 依据不符合检测工作的程序

20. 实验室每年至少开展一次内部审核,需增加内审次数的情况为( )。

A. 实验室搬迁　　B. 增加新人员

C. 业务范围扩大　　D. 有客户投诉

21. ( )是属于数据离散程度的统计特征量。

A. 标准偏差　　B. 变异系数
C. 中位数　　D. 极差

22. 0.04090 的有效位数为(　　)。

A. 1 位　　B. 3 位　　C. 4 位　　D. 5 位

23. 检定的结果是通过检察测试或与标准物比较,确定是否可以继续使用,其结果是给出(　　)。

A.《校准证书》　　B.《校准报告》
C.《检定合格证书》　　D.《校准合格证书》

24. 按照《检验检测机构资质认定管理办法》(质检总局令第 163 号)规定,检验检测机构资质认定标志,由 China Inspection Body and Laboratory Mandatory Approval 的英文缩写 CMA 形成的图案和由一些代码组成的资质认定证书 12 位编号构成。下面选项中,不属于编号代码内容的是(　　)。

A. 发证年份代码　　B. 发证机关代码
C. 发证省别代码　　D. 专业领域类别代码

25. 下列有关仪器设备检定校准状态标识的使用,正确的做法是(　　)。

A. 仪器设备的校准的多个参数中,其中有一个参数误差通过修正后满足要求,其余参数均满足要求,该设备加贴绿色标识
B. 仪器设备的校准的多个参数中,其中有一个参数误差通过修正后满足要求,其余参数均满足要求,该设备合格部分加贴绿色标识,有修正部分贴黄色标识
C. 仪器设备校准的多个参数中,其中有一个参数误差通过修正后满足要求,其余参数的标准误差均符合要求,该设备加贴黄色标识
D. 仪器设备校准的多个参数中,其中有一个参数误差通过修正后满足要求,其余参数的标准误差均符合要求,该设备加贴红色标识

26. 检验检测机构的质量管理是在确定质量方针、目标和职责,并在管理体系中通过诸如质量策划、质量控制、(　　)和质量改进使其实施全部管理职能的所有活动。

A. 质量监督　　B. 质量监控
C. 质量保证　　D. 质量检查

27. 用于校准的设备,其自身的误差应小于或等于被测设备最大允许误差绝对值的(　　)。

A. 1/5　　B. 1/6　　C. 1/3　　D. 1/2

28. 下列关于选择试验检测仪器设备期间核查标准的说法,错误的是(　　)。

A. 若存在合适的比较稳定的实物量具,就可以作为核查标准
B. 若存在合适的比较稳定的被测物品,也可选用一个被测物品作为核查标准

C. 机构应对所有在用仪器设备开展期间核查，尤其是那些性能稳定，使用频率不高，不易损坏的仪器设备更需要进行期间核查

D. 若对于某个仪器设备，不存在可作为核查标准的实物量具或稳定的被测物品，则可不进行期间核查

29. 实验室应建立和维持程序来控制构成其(　　)的所有文件。

A. 质量体系　　B. 管理体系

C. 文件体系　　D. 文件程序

30. 实验室所有的记录应予以安全保护和(　　)。

A. 存档　　B. 维护

C. 保密　　D. 监督

31. 检验检测机构可以分包的情形是(　　)。

A. 不具备检测能力　　B. 工作量大，时间要求紧的

C. 出口检验项目　　D. 仪器设备使用频次低的项目

32. 选择合格仪器设备的供应商服务单位时，一般应评价其(　　)。

A. 售后服务水平　　B. 产品价格

C. 产品质量　　D. 单位规模

33. (　　)是检验检测机构合同评审的结果。

A. 检测报告　　B. 检定证书

C. 程序文件　　D. 检测委托书

34. 在资质认定整个工作中，资质认定部门和参与资质认定工作的人员会获得的有关检验检测机构的商业、技术等信息。按照《检验检测机构资质认定公正性和保密性要求》应该保密的信息是(　　)。

A. 检验检测机构申请资质认定的资料及文件

B. 暂停或撤销资质认定

C. 扩大或缩小资质认定范围的信息及获准资质认定的范围

D. 从其他合法渠道获得的有关检验检测机构的公开信息

35. 摆式摩擦系数测定仪使用前，除需对摆及摆连接部分总质量、立柱垂直度、摆的重心距离等参数进行校准外，还需对滑溜块多个参数进行校准。其中，对滑溜块的硬度校准采用的硬度是(　　)。

A. 布氏硬度　　B. 维氏硬度　　C. 邵氏硬度　　D. 洛氏硬度

36.《公路水运工程试验检测机构等级证书》由质监总站统一规定格式，其有效期为(　　)年。

A. 2　　B. 3　　C. 5　　D. 6

37. 机构负责人、技术负责人等发生变更的，应当自变更之日起(　　)日内，到原发证质监机构办理变更登记手续。

A. 15　　B. 7　　C. 10　　D. 30

38. 检验检测机构管理评审的组织者是(　　)，管理评审的目的是就质量方针和目标，对质量体系的现状和适应性进行的正式评审。

A. 技术负责人　　B. 质量负责人

C. 最高管理者　　D. 质量主管

39. 2012 年 1 月 1 日是(　　)的实施时间。

A.《公路水运工程试验检测机构等级标准》

B.《公路水运试验检测机构等级评定程序》

C.《公路水运工程试验检测人员继续教育办法(试行)》

D.《关于进一步加强公路水运工程工地试验室管理工作的意见》

40. 检验检测机构的采购服务不包括(　　)。

A. 仪器设备的采购　　B. 抽排设施的安装

C. 仪器设备的检定　　D. 选择消耗性材料的供应商

二、判断题(请对下列题述观点正确与否进行判断，判断准确得分，否则不得分。每题 1 分。)

1. 测量正确度是无穷多次重复测量所得量值的平均值与一个参与量值之间的一致程度。

(　　)正确　　(　　)不正确

2. 实验室开展新项目时，应组织比对验证试验进行能力确认。

(　　)正确　　(　　)不正确

3. 扩展不确定度是由合成标准不确定度的倍数表示的测量不确定度。

(　　)正确　　(　　)不正确

4. 检测机构存在多个试验场所时，其每个分场所都需建立各自的质量体系。

(　　)正确　　(　　)不正确

5. 系统误差可利用修正值进行补偿，这种补偿并不完全。

(　　)正确　　(　　)不正确

6. 如果试验检测机构承接的检测参数既未通过等级评定也未通过计量认证的，就属于超业务范围，检测机构不可以出具报告。

(　　)正确　　(　　)不正确

7. 试验检测人员参加继续教育是个人行为，与所在的试验检测机构无关。

(　　)正确　　(　　)不正确

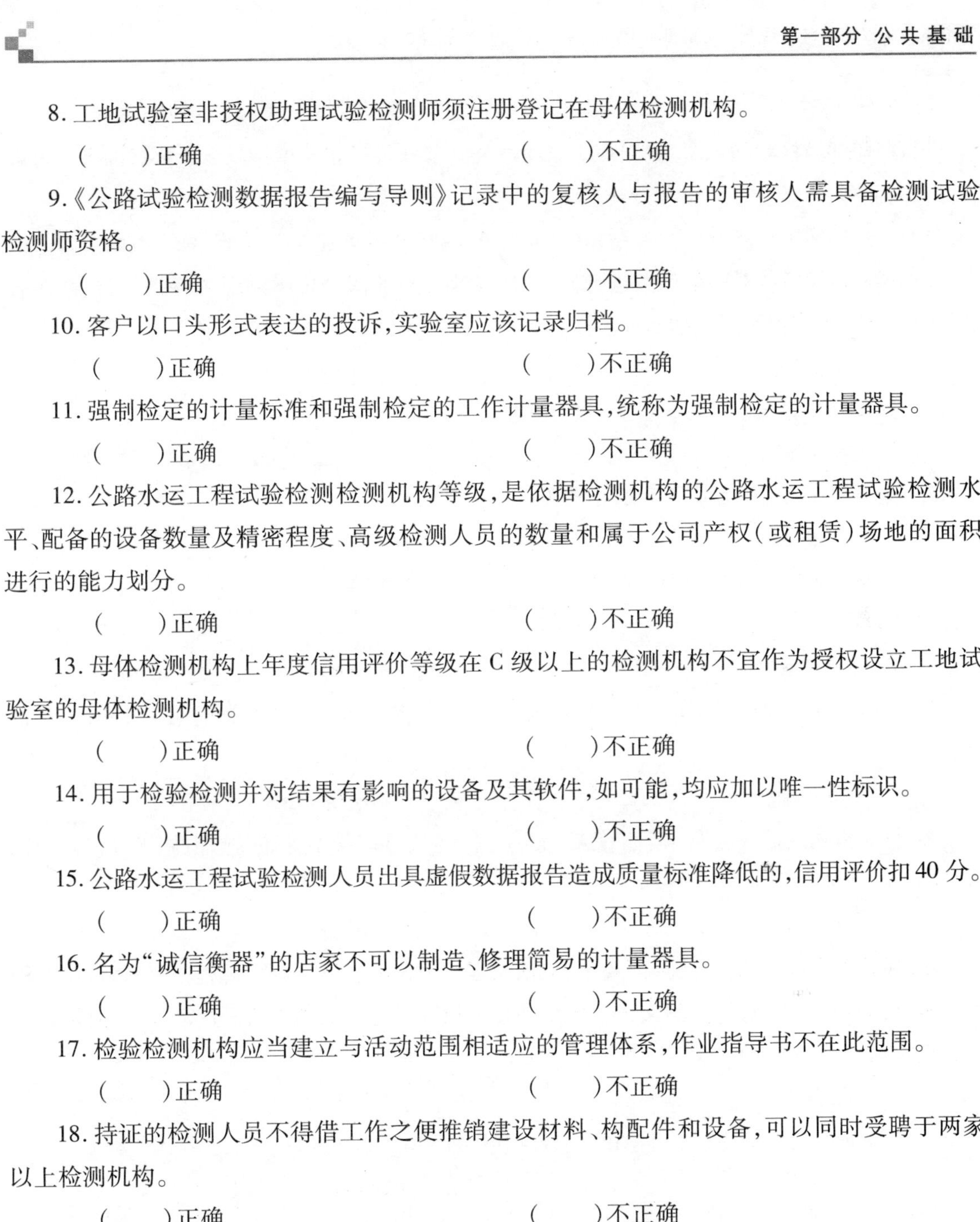

8. 工地试验室非授权助理试验检测师须注册登记在母体检测机构。

( )正确 ( )不正确

9.《公路试验检测数据报告编写导则》记录中的复核人与报告的审核人需具备检测试验检测师资格。

( )正确 ( )不正确

10. 客户以口头形式表达的投诉,实验室应该记录归档。

( )正确 ( )不正确

11. 强制检定的计量标准和强制检定的工作计量器具,统称为强制检定的计量器具。

( )正确 ( )不正确

12. 公路水运工程试验检测检测机构等级,是依据检测机构的公路水运工程试验检测水平、配备的设备数量及精密程度、高级检测人员的数量和属于公司产权(或租赁)场地的面积进行的能力划分。

( )正确 ( )不正确

13. 母体检测机构上年度信用评价等级在C级以上的检测机构不宜作为授权设立工地试验室的母体检测机构。

( )正确 ( )不正确

14. 用于检验检测并对结果有影响的设备及其软件,如可能,均应加以唯一性标识。

( )正确 ( )不正确

15. 公路水运工程试验检测人员出具虚假数据报告造成质量标准降低的,信用评价扣40分。

( )正确 ( )不正确

16. 名为“诚信衡器”的店家不可以制造、修理简易的计量器具。

( )正确 ( )不正确

17. 检验检测机构应当建立与活动范围相适应的管理体系,作业指导书不在此范围。

( )正确 ( )不正确

18. 持证的检测人员不得借工作之便推销建设材料、构配件和设备,可以同时受聘于两家以上检测机构。

( )正确 ( )不正确

19. 确认检验检测机构的检验检测能力是评审组进行现场评审的核心环节。

( )正确 ( )不正确

20. 试验检测人员的信用评价采用随机检查累计扣分制。

( )正确 ( )不正确

21. 规范是对某一阶段或某种结构的某项任务的目的、技术内容、方法、质量要求等作出的系列规定。

(　　)正确　　　　　　　　　　　　　　(　　)不正确

22. 助理试验检测师、试验检测师应当通过公共基础科目和至少一门专业科目的考试可以取得上岗证书,高级工程师免考公共基础。

(　　)正确　　　　　　　　　　　　　　(　　)不正确

23. 当一台设备需对多个参数进行校准时,参数合格的部分可粘贴绿色标识,误差超出合格范围但可降级使用的部分粘贴黄色标识。

(　　)正确　　　　　　　　　　　　　　(　　)不正确

24. 测量仪器即测量设备,是用于进行测量的装置。

(　　)正确　　　　　　　　　　　　　　(　　)不正确

25. 变更审查不能采用书面审查的类型。

(　　)正确　　　　　　　　　　　　　　(　　)不正确

26. 公路水运工程试验检测机构的等级评定和换证复核都是以书面审查为主,必要时可进行现场评审。

(　　)正确　　　　　　　　　　　　　　(　　)不正确

27. JTG D54—2001 可以解读为交通运输部公路工程标准 D 类第 5 种的第 4 项标准,破折号后是发布年。

(　　)正确　　　　　　　　　　　　　　(　　)不正确

28. 检测机构在同一公路水运工程项目标段中,不得同时接受业主、监理、施工等三方的试验检测委托任务。

(　　)正确　　　　　　　　　　　　　　(　　)不正确

29. 根据国家有关法律、法规的规定,依据工程建设技术标准、规范、规程,对公路水运工程所用材料、构件、工程制品、工程实体的质量和技术指标等进行的试验检测活动,叫公路水运工程试验检测。

(　　)正确　　　　　　　　　　　　　　(　　)不正确

30. 对工地临时试验室进行活动的监督,只应由母体试验室进行。

(　　)正确　　　　　　　　　　　　　　(　　)不正确

三、多项选择题(在下列各题的备选答案中,有两个或两个以上的备选项符合题意,请填写符合题意的备选项,选项部分正确按比例得分,出现错误选项该题不得分,完全正确的得满分。每题 2 分。)

1. 检测机构等级评定的初审内容主要包括(　　)。

A. 典型报告(包括模拟报告)及业绩证明

B. 质量保证体系是否具有可操作性

C. 人员考试合格证书和聘用关系证明文件

D. 申报的试验检测项目范围及设备配备与所申请的等级是否相符

2. 下列选项中,对“标准”的理解正确的是(　　)。

A. 标准是法律依据
B. 标准是简要文字说明
C. 标准由国家部委制定
D. 标准过一定时间后可以进行修改

3. 检验检测机构测量装置校准可以采用(　　)方式进行。

A. 自校
B. 送检
C. 外校
D. 自校与外校相结合

4. 以标准正态分布为例,统计分布中常见的术语有(　　)。

A. 置信概率
B. 置信度
C. 置信区间
D. 置信因子

5. 实验室应依据(　　)建立质量管理体系。

A. ISO 9000 系列质量管理体系

B. ISO 14000 系列质量管理体系

C. ISO 18000 系列质量管理体系

D. ISO/IEC 17025 检测和校准实验室能力的认可准则

6. 检测人员证书到期,发证部门应对其(　　)进行审核后,方可决定是否允许其继续从事检测活动。

A. 参加继续教育情况
B. 参加能力验证情况
C. 信用记录
D. 业绩

7. 安全生产费用可以用于(　　)。

A. 购买灭火器材、消防设施和设置消防通道

B. 购买安全帽、防护服、防毒面具等

C. 生产条件的改善

D. 人员的安全培训

8. 参与能力验证进行实验室之间比对的样品,一般应具备(　　)特征。

A. 从材料源中指定
B. 从材料源中随机得到
C. 与日常检测样品的相识性
D. 样品的均匀性

9. 下列情况属于自校准的是(　　)。

A. 试验室人员对自用试模的校准

B. 全站仪开机时的设备自我校准

C. 设备厂家对提供的无溯源证书的标准样品的校准

D. 试验室对设备进行期间检查

10. 载重为 8 吨的汽车采用重力表述,下列选项中错误的是(　　)。

A. 8t　　B. 79kN　　C. 8kN　　D. 800kN

11. 描述样品检验状态的标识,正确的是(　　)。

A. 未检　　B. 在检　　C. 检毕　　D. 留样

12. 下列哪些行为是属于违规使用行业证书(　　)。

A. 同一个人将监理证书与检测证书同时注册在不同的法人单位

B. 将已取得证书复制后使用

C. 同一个人将助理试验检测师证书与检测试验检测师证书同时分别用于不同项目的工地试验室备案

D. 同一个检测试验检测师证书注册单位和工地试验室授权书单位不一致

13. 下列选项中,属于系统抽样的有(　　)。

A. 定位系统抽样　　B. 等距抽样

C. 散料抽样　　D. 分层抽样

14. 当出现下列(　　)情况时,试验检测机构的原等级证书失效。

A. 等级证书到期未按规定期限申请换证核查

B. 换证复核时被注销等级证书

C. 试验检测机构将业务转包、违法分包的

D. 被降低等级的试验检测机构

15. 混凝土回弹仪在出/入外出检测室时,需完成(　　)工作。

A. 检查设备配件、外观,作好出入记录

B. 送计量检定部门检定校准

C. 报技术负责人同意

D. 借出前、返回后在标准钢砧上率定,记录率定值

16. 以下物质中,属于标准物质的有(　　)。

A. 外加剂试验用基准水泥　　B. 筛孔标定用标准粉

C. 石灰试验用标准盐酸　　D. 标准砂

17. 按照《检验检测机构资质认定管理办法》规定进行技术评审工作,评审组在技术评审中发现有不符合要求时,可以采取(　　)方式处理。

A. 书面通知申请人限期整改,直至完成整改

B. 书面通知申请人限期整改,整改 30 个工作日

C. 申请人在整改期内完成,相应评审项目判定合格

D. 申请人在整改期内未完成,相应评审项目判定不合格

18. 我国法定计量单位由(　　)和(　　)构成。

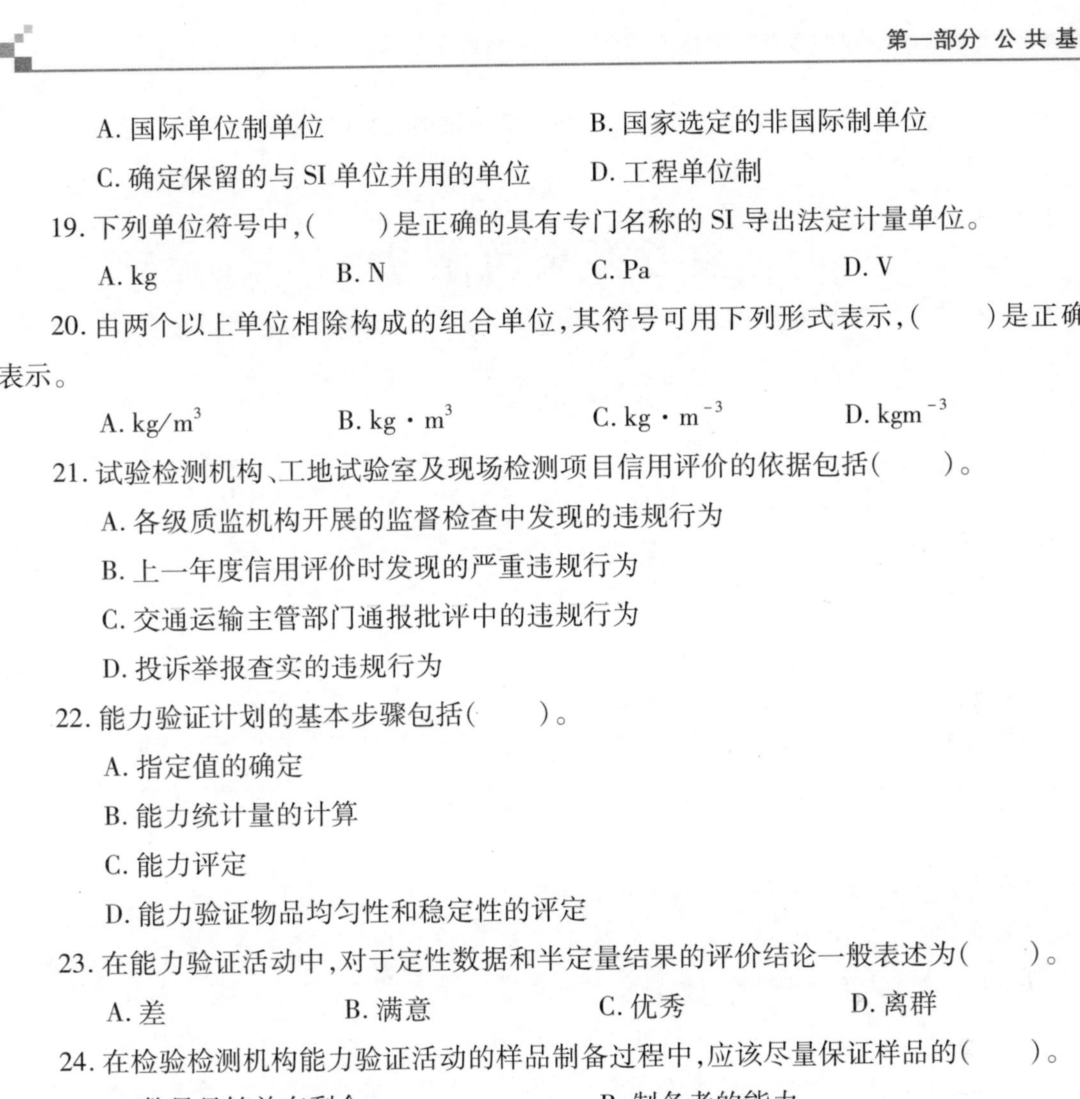

A. 国际单位制单位　　B. 国家选定的非国际制单位

C. 确定保留的与 SI 单位并用的单位　　D. 工程单位制

19. 下列单位符号中，(　　)是正确的具有专门名称的 SI 导出法定计量单位。

A. kg　　B. N　　C. Pa　　D. V

20. 由两个以上单位相除构成的组合单位，其符号可用下列形式表示，(　　)是正确的表示。

A. kg/m^3　　B. $kg \cdot m^3$　　C. $kg \cdot m^{-3}$　　D. kgm^{-3}

21. 试验检测机构、工地试验室及现场检测项目信用评价的依据包括(　　)。

A. 各级质监机构开展的监督检查中发现的违规行为

B. 上一年度信用评价时发现的严重违规行为

C. 交通运输主管部门通报批评中的违规行为

D. 投诉举报查实的违规行为

22. 能力验证计划的基本步骤包括(　　)。

A. 指定值的确定

B. 能力统计量的计算

C. 能力评定

D. 能力验证物品均匀性和稳定性的评定

23. 在能力验证活动中，对于定性数据和半定量结果的评价结论一般表述为(　　)。

A. 差　　B. 满意　　C. 优秀　　D. 离群

24. 在检验检测机构能力验证活动的样品制备过程中，应该尽量保证样品的(　　)。

A. 数量足够并有剩余　　B. 制备者的能力

C. 与日常检测样品的相识性　　D. 样品的可靠性

25. 下列哪些情况属于报告签字人不具备资格(　　)。

A. 试验助理试验检测师对记录复核签字

B. 取得公路专业试验检测试验检测师资格证书在水运工程材料报告中签字

C. 隧道专业试验检测试验检测师在基桩检测报告中签字

D. 试验检测试验检测师经母体授权负责工地试验室管理，其证书未注册登记

参考答案及解析

模拟试题一

一、单项选择题

1.【答案】C

【解析】见《检验检测机构资质认定管理办法》第十条。这是质检总局第163号令提出的一个新的资质认定评审工作时限,旨在提高政府部门的工作实效。

2.【答案】C

【解析】每个机构的样品管理员、室主任、技术负责人都可能参与合同评审,但机构都应该按照合同性质不同规定进行合同评审应该参加的人员。所以比较恰当的答案是选项C。

3.【答案】A

【解析】见《检验检测机构资质认定管理办法》第四十二条(六)。

4.【答案】A

【解析】见《检验检测机构资质认定评审准则》4.5.33。“4.5.33 检验检测机构有下列情形之一,应当向资质认定部门申请办理变更手续:a)机构名称、地址、法人性质发生变更的;b)法定代表人、最高管理者、技术负责人、检验检测报告授权签字人发生变更的;c)资质认定检验检测项目取消的;d)检验检测标准或者检验检测方法发生变更的;e)依法需要办理变更的其他事项。”这是质检总局第163号令新增加的,明确了对于检验检测机构一些不用的参数应该怎么样规范处理的问题。

5.【答案】D

【解析】见《检验检测机构资质认定评审准则》4.4.9。量值溯源的目的是保证使检验检测机构的检测活动结果的准确性,其他选项是近似选项。

6.【答案】C

【解析】见《检验检测机构资质认定评审准则》4.5.10。这里与纠正、发生偏离和预防工作都无关,只是涉及不符合工作的处理过程,所以是选项C。

7.【答案】C

【解析】见《公路水运工程试验检测管理办法》第八条。“检测机构被评为丙级、乙级后须满1年且具有相应的试验检测业绩方可申报上一等级的评定。”

8.【答案】D

【解析】见《中华人民共和国计量法实施细则》。

9.【答案】D

【解析】见《检验检测机构资质认定评审准则》4.5.2。

10.【答案】C

【解析】计量认证的专业类别代码:P交通,R建设(建材、城建、建工),N铁路,Y计量,Z其他。

11.【答案】C

【解析】见《检验检测机构资质认定管理办法》(质检总局令第163号)。

12.【答案】C

【解析】见《实验室资质认定工作指南》(中国计量出版社出版,2007)。具备《实验室资质认定评审准则》、《检测和校准实验室能力的通用要求》(GB/T 27025)规定的质量体系并有效运行6个月以上。

13.【答案】C

【解析】理解标准偏差的定义。

14.【答案】C

【解析】掌握国际单位制和非国际单位制。

15.【答案】D

【解析】见《检验检测机构资质认定评审准则》的要求。

16.【答案】A

【解析】掌握我国的法定计量单位,见考试用书表7-5。

17.【答案】C

【解析】盲样管理,是指在试验检测过程中,试验检测员不知道样品的委托单位、工程名称等信息,这些具体信息只有收样人和样品管理员知道,而收样人和样品管理员不得参与试验检测工作,从而杜绝试验检测人员伪造数据等现象的发生,保证试验检测过程的科学、公正、公平和试验检测结果的准确性。

18.【答案】D

【解析】见《公路水运工程试验检测机构等级标准》和《公路水运工程试验检测机构等级评定程序》(交质监发[2008]274号)。

19.【答案】B

【解析】见《公路试验检测数据报告编写导则》相关规定。

20.【答案】A

【解析】见《公路水运工程试验检测机构换证复核细则》(质监综字[2013]7号)。

21.【答案】C

【解析】见《检验检测机构资质认定评审准则》及释义4.2.5。对实验室监督人员的要求应该是关键环节。要区分监督员与内审员的职责,内审员可以是全过程,监督员不应该有这个职责。选项B、D又达不到人员能力监督的目的。

22.【答案】D

【解析】国家法定计量单位的名称、符号由国务院公布。

23.【答案】B

【解析】见《数值修约规则与极限数值的表示和判定》(GB/T 8170—2008)。

24.【答案】B

【解析】见《检验检测机构资质认定评审准则》相关规定。

25.【答案】B

【解析】1)合格标志(绿色):经计量检定或校准、验证合格,确认其符合检测/校准技术规范规定的使用要求的;2)准用标志(黄色):仪器设备存在部分缺陷,但在限定范围内可以使用的(即受限使用的);3)停用标志(红色):仪器设备目前的状态不能使用的,但经检定、校准或修复后可以使用的。

26.【答案】B

【解析】见《检验检测机构资质认定管理办法》相关规定。

27.【答案】B

【解析】见《检验检测机构资质认定管理办法》中文件管理的相关要求。

28.【答案】A

【解析】量值溯源的概念。

29.【答案】D

【解析】见《公路水运工程试验检测管理办法》第二十四条,这类问题需要准确记忆时限。"检测机构名称、地址、法定代表人或者机构负责人、技术负责人等发生变更的,应当自变更之日起30日内到原发证质监机构办理变更登记手续。"

30.【答案】A

【解析】见《关于进一步加强公路水运工程工地试验室管理工作的意见》第四条。本题设计的是一个"不属于"的反面问题。现实工作中,工地试验室与母体试验室的设备使用一直有个归属权问题。"设立工地试验室的母体试验检测机构,应当在其等级证书核定的业务范围内,根据工程现场管理需要或合同约定,对工地试验室进行授权。授权内容包括工地试验室可开展的试验检测项目及参数、授权负责人、授权工地试验室的公章、授权期限等。"

31.【答案】D

【解析】见《数值修约规则与极限数值的表示和判定》(GB/T 8170—2008)。

32.【答案】B

【解析】需要理解检定和校准的定义,这是不同的两种行为。校准的内容和项目,只是评定测量装置的示值误差,以确保量值准确;检定的内容则是对测量装置的全面评定,要求更全面,除了包括校准的全部内容之外,还需要检定有关项目。

33.【答案】C

【解析】见《公路水运工程试验检测管理办法》第二十一条。在现实工作中,机构证书的有效期多为3年,比如原来的机构资质认定期限,现在改为6年。整改期一般是3个月。另外,把两个时限放在一个题干里也是试题设计的一种方式。

34.【答案】D

【解析】校准的概念。

35.【答案】C

【解析】实际工作中比较混乱,四种选项情况都有出现。为此,质检总局163号令的附件4《检验检测机构资质认定 标志及其使用要求》作出了明确规定。“检验检测机构在资质认定证书确定的能力范围内,对社会出具具有证明作用数据、结果时,应当标注资质认定标志。资质认定标志加盖(或印刷)在检验检测报告或证书封面上部适当位置。”

36.【答案】A

【解析】检测的定义,即用指定的方法检验测试某种物体(气体、液体、固体)指定的技术性能指标,适用于各种行业范畴的质量评定,如:土木建筑工程、水利、食品、化学、环境、机械、机器等。

37.【答案】B

【解析】见《检验检测机构资质认定评审准则》的规定。注意区分签名和签字的概念。

38.【答案】B

【解析】见《检验检测机构资质认定评审准则》。

39.【答案】B

【解析】见《检验检测机构资质认定评审准则》。

40.【答案】B

【解析】仪器设备的检定/校准的服务单位选择的要求必须是通过资质认定的机构,这关系到检验检测机构仪器设备的量值溯源问题。

二、判断题

1.【答案】不正确

【解析】《检验检测机构资质认定管理办法》(质检总局令第163号)第十四条、第十五条。

2.【答案】不正确

【解析】见《检验检测机构资质认定管理办法》(质检总局令第163号)第九条、《检验检测机构资质认定评审准则》4.1。

3.【答案】不正确

【解析】见《检验检测机构资质认定管理办法》第三十条。报告和原始记录的保存期限不少于6年。

4.【答案】不正确

【解析】见《检验检测机构资质认定管理办法》第二十九条。

5.【答案】不正确

【解析】见考试用书"仪器设备计量溯源及期间核查"相关内容。

6.【答案】不正确

【解析】见《关于进一步加强公路水运工程工地试验室管理工作的意见》。

7.【答案】不正确

【解析】见考试用书"仪器设备计量溯源及期间核查"相关内容,知道设备获得检定证书后的确认活动。

8.【答案】正确

【解析】见考试用书"仪器设备计量溯源及期间核查"相关内容。

9.【答案】不正确

【解析】见《检验检测机构资质认定评审准则》4.4.3、4.4.4。软件在新准则里被纳入了设备管理范畴。注意这个题干还让我们知道设备的使用必须授权,未授权的人员不能使用相关设备。

10.【答案】不正确

【解析】见《检验检测机构资质认定管理办法》,按照偏离程序进行。

11.【答案】不正确

【解析】见《公路试验检测数据报告编写导则》(JT/T 828—2012)。报告和记录是两个编码规则。

12.【答案】不正确

【解析】见《关于进一步加强公路水运工程工地试验室管理工作的意见》,不能开展新参数检测。

13.【答案】不正确

【解析】纠正是为消除已发现的不合格而采取的措施;纠正措施是为消除已发现的不符合或其他不期望情况的原因所采取的措施。一个不符合工作可能有若干个原因,采取纠正措施就是要找出问题的原因,消除原因,防止再发生。

14.【答案】不正确

【解析】见考试用书“试验检测常用术语和定义”相关内容。修正值等于负的系统误差。

15.【答案】不正确

【解析】见《公路试验检测数据报告编制导则》,每页都应该有页码。

16.【答案】不正确

【解析】自校准一般是利用测量设备自带的校准程序或者功能或者设备厂商提供的没有溯源证书的标准样品所进行的校准活动,通常情况下,其不是有效的量值溯源活动。

17.【答案】不正确

【解析】期间核查的重点测量设备主要包括:1)仪器设备性能不稳定,漂移率大的;2)使用非常频繁的;3)经常携带到现场检测的;4)在恶劣环境下使用的仪器设备;5)曾经过载或怀疑有质量问题的;6)因设备使用频率较低,校准周期长于校准规范规定时间的。

18.【答案】正确

【解析】见《关于进一步加强公路水运工程工地试验室管理工作的意见》。

19.【答案】正确

【解析】见《关于公布〈公路水运工程试验检测机构等级标准〉及〈公路水运试验检测机构等级评定程序〉的通知》。

20.【答案】正确

【解析】见考试用书“统计技术和抽样技术”相关内容。

21.【答案】正确

【解析】见考试用书“统计技术的基础”相关内容。

22.【答案】正确

【解析】见《检验检测机构资质认定 证书及其使用要求》二。

23.【答案】正确

【解析】见考试用书“试验检测常用术语和定义”相关内容。

24.【答案】正确

【解析】公路水运工程试验检测的定义。

25.【答案】正确

【解析】见《公路试验检测数据报告编写导则》(JT/T 828—2012)的规定。

26.【答案】不正确

【解析】见考试用书“仪器设备计量溯源及期间核查”相关内容。检测用设备都需要设备的检定校准结果进行确认。

27.【答案】正确

【解析】见考试用书"扩展不确定度"的定义。

28.【答案】不正确

【解析】见考试用书"能力验证"相关内容。应知道机构间比对结果评判的方法。

29.【答案】正确

【解析】见《公路水运工程安全生产监督管理办法》第四条。

30.【答案】不正确

【解析】见考试用书"实验室管理"相关内容。不能只有以书面形式表达的投诉。

三、多项选择题

1.【答案】BCD

【解析】见《检验检测机构资质认定评审准则》的相关规定。

2.【答案】BD

【解析】见考试用书"统计技术和抽样技术"相关内容。

3.【答案】AC

【解析】见《关于进一步加强公路水运工程工地试验室管理工作的意见》。

4.【答案】AD

【解析】《数值修约规则与极限数值的表示和判定》4.3.3。选项B显然不正确;选项C修约值是0.06不符合要求;选项A的修约值是0.05满足要求;选项D修约值是0.05也是满足要求的。

5.【答案】ABCD

【解析】见《公路水运工程试验检测机构换证复核细则》(质监综字[2013]7号)。

6.【答案】ABC

【解析】见《计量法》及《计量法实施细则》。

7.【答案】ABC

【解析】见《计量法》及《计量法实施细则》。

8.【答案】BCD

【解析】见考试用书"常用数理统计工具"相关内容。

9.【答案】ACD

【解析】见《计量法》及《计量法实施细则》。

10.【答案】ABCD

【解析】见考试用书"能力验证"相关内容。

11.【答案】AD

【解析】见考试用书"国际单位制"相关内容。

12.【答案】ACD

【解析】见《关于进一步加强公路水运工程工地试验室管理工作的意见》。

13.【答案】ABD

【解析】见考试用书“仪器设备计量溯源及期间核查”相关内容。

14.【答案】AC

【解析】见考试用书“测量误差与测量不确定度”相关内容。

15.【答案】AC

【解析】见《公路水运工程试验检测机构换证复核细则》(质监综字[2013]7号)。

16.【答案】ABCD

【解析】见《检验检测机构资质认定评审准则》。

17.【答案】ABD

【解析】见考试用书“统计技术和抽样技术”相关内容。

18.【答案】ABCD

【解析】见考试用书“能力验证”相关内容。

19.【答案】ACD

【解析】见《公路水运工程试验检测信用评价办法(试行)》。

20.【答案】ABD

【解析】见《检验检测机构资质认定管理办法》第一章第五条。

21.【答案】CD

【解析】见《检验检测机构资质认定管理办法》第二十二条。

22.【答案】CD

【解析】见《检验检测机构资质认定管理办法》第十一条。这是新增加的一种评审方式,需要加以重点理解记忆。

23.【答案】BC

【解析】见《检验检测机构资质认定评审准则》4.5.11、4.5.20的相关规定。

24.【答案】BC

【解析】见考试用书“仪器设备计量溯源及期间核查”相关内容。

25.【答案】AD

【解析】见考试用书“试验检测常用术语和定义”相关内容。

模拟试题二

一、单项选择题

1.【答案】B

【解析】见《公路水运工程试验检测人员继续教育办法(试行)》第三章第十五条。“公路水运工程试验检测继续教育周期为2年(从取得证书的次年起计算)。试验检测人员在每个周期内接受继续教育的时间累计不应少于24学时。”考生需要准确记忆时间。

2.【答案】C

【解析】合同评审的目的是评价检测合同的可行性,要使检验检测活动可行,当然必须是检测需要的环境条件、使用的仪器设备、检测方法等是有效的;样品信息、委托方提供的信息、被委托方在检验检测过程中需要的信息等是充分的。

3.【答案】B

【解析】见《检验检测机构资质认定评审准则》4.5.9。注意需要区分规定、程序、措施和作业指导书的概念。选项D显然概念不正确,程序就是事情进行的先后次序,如工作程序。处理投诉和申诉就是一个过程,所以选项B正确。

4.【答案】C

【解析】见《检验检测机构资质认定评审准则》4.4.8,注意校准的概念。ISO 10012-1《计量检测设备的质量保证要求》将“校准”定义为:“在规定条件下,为确定计量仪器或测量系统的示值或实物量具或标准物质所代表的值与相对应的被测量的已知值之间关系的一组操作。”要重视设备使用前的校准工作,并且要知道这步工作怎么做。选项A、B、D是目前检验检测机构常常出现的认识偏差和做法。

5.【答案】D

【解析】见《公路水运工程试验检测管理办法》第十九条。“《等级证书》期满后拟继续开展公路水运工程试验检测业务的,检测机构应提前3个月向原发证机构提出换证申请。”

6.【答案】C

【解析】见《关于进一步加强公路水运工程工地试验室管理工作的意见》第十条(四)。“实行不合格品报告制度,对于签发的涉及结构安全的产品或试验检测项目不合格报告,工地试验室授权负责人应在2个工作日之内报送试验检测委托方,抄送项目质量监督机构,并建立不合格试验检测项目台账。”此条文要注意两点:一是不合格品报告制度,二是上报时限,强调的是“签发的涉及结构安全的产品或试验检测项目不合格报告”。

7.【答案】D

【解析】随机误差是由于不能预料、不能控制的原因造成的。

8.【答案】B

【解析】见《数值修约规则与极限数值的表示和判定》(GB/T 8170—2008)“修约的积”。

9.【答案】A

【解析】掌握我国的法定计量单位,见考试用书表7-5。

10.【答案】C

【解析】见《公路水运工程试验检测信用评价办法(试行)》第一章第五条。信用评价周期为1年。

11.【答案】C

【解析】《公路水运工程试验检测人员继续教育办法(试行)》自2012年1月1日起施行。这里用通过时间和假设时间来混淆正确的答案。

12.【答案】C

【解析】见《计量法实施细则》第五章第二十五条规定。“第二十五条　任何单位和个人不准在工作岗位上使用无检定合格印、证或者超过检定周期以及经检定不合格的计量器具。在教学示范中使用计量器具不受此限。”为什么不是选项B,因为不全面,除有检定证书,还有校准证书等形式。

13.【答案】B

【解析】仪器设备的状态标识分为合格、准用、停用3种,通常分别以绿色、黄色、红色3种颜色来表示。

14.【答案】C

【解析】见《公路水运工程试验检测机构等级标准》和《公路水运工程试验检测机构等级评定程序》(交质监发[2008]274号)。

15.【答案】C

【解析】《计量法》制定目的是保障国家计量单位制的统一和量值的准确可靠。

16.【答案】A

【解析】见《公路试验检测数据报告编制导则》(JT/T 828—2012)。

17.【答案】C

【解析】见考试用书“常用数理统计工具”相关内容。

18.【答案】A

【解析】见《检验检测机构资质认定管理办法》之《检验检测机构资质认定　标志及其使用要求》。

19.【答案】D

【解析】根据《检验检测机构资质认定管理办法》要求作出的判断。

20.【答案】C

【解析】见《公路水运工程试验检测机构等级标准》表2。这里需要注意的是首先看清楚是“属于”还是“不属于”;其次,还要区分强制性设备和非强制性设备。

21.【答案】A

【解析】见《检测和校准实验室能力的通用要求》(GB/T 27025—2008)。

22.【答案】D

【解析】见《公路水运工程试验检测人员继续教育办法(试行)》第一章第一条。注意该办法的上位文件是试验检测管理办法;另外,每个办法、规程、制度的制定一定是有依据的,这是一类问题。

23.【答案】D

【解析】见《检验检测机构资质认定　检验检测专用章使用要求》。

24.【答案】C

【解析】见考试用书表7-1。

25.【答案】A

【解析】见《检验检测机构资质认定管理办法》“文件管理”的相关要求。

26.【答案】A

【解析】见考试用书“测量误差与测量不确定度”相关内容。

27.【答案】D

【解析】见《检验检测机构资质认定评审准则》4.1.6。“为了检验检测机构为其工作开展需要,可在其内部设立专门的技术委员会。”

28.【答案】C

【解析】见《检验检测机构资质认定评审准则》4.5.2。“质量方针声明应经最高管理者授权发布,至少包括下列内容:a)最高管理者对良好职业行为和为客户提供检验检测服务质量的承诺;b)最高管理者关于服务标准的声明;c)管理体系的目的;d)要求所有与检验检测活动有关的人员熟悉质量文件,并执行相关政策和程序;e)最高管理者对遵循本准则及持续改进管理体系的承诺。”选项C应该包含在为客户提供检验检测服务质量的承诺中。

29.【答案】B

【解析】见《公路工程标准体系》、国家标准《标准化工作指南　第1部分:标准化和相关活动的通用术语》(GB/T 20000.1—2014)相关定义。

30.【答案】D

【解析】见《关于进一步加强公路水运工程工地试验室管理工作的意见》第十一条。“(四)工地试验室授权负责人信用等级被评为信用较差的,2年内不能担任工地试验室授权

负责人。信用等级被评为信用很差的,5 年内不能担任工地试验室授权负责人。”

31.【答案】D

【解析】需要知道压强单位的定义。

32.【答案】D

【解析】这里强调的是所有申诉、投诉的处理过程及结果归档,无论是什么方式表述的,无论是合理的和不合理。

33.【答案】C

【解析】见《检验检测机构资质认定评审准则》4.2.3。这里注意区分规定、程序、措施的概念。规定是强调预先(即在行为发生之前)和法律效力,用于法律条文中的决定;程序是指事情进行的先后次序如工作程序;措施即为方法、方式、方案、解决问题的途径。所以应选择选项 C。

34.【答案】A

【解析】见《关于进一步加强公路水运工程工地试验室管理工作的意见》,注意文件对于检测数据的要求。题目中四个选项好像都对,而文件是指的客观性。“公路水运工程工地试验室是工程质量控制和评判的重要基础数据来源,是工程建设质量保证体系的重要组成部分。为进一步加强工地试验室管理,规范试验检测行为,提高试验检测数据的客观性、准确性,保证公路水运工程质量。”

35.【答案】C

【解析】见《关于进一步加强公路水运工程工地试验室管理工作的意见》第六条。“母体试验检测机构应加强对授权工地试验室的管理和指导,根据工程现场管理需要或合同约定,合理配备工地试验室试验检测人员和仪器设备,并对工地试验室试验检测结果的真实性和准确性负责。”参与到工地试验室的单位较多,包括建设单位、监理单位、施工总承包单位、检测单位、监督单位等,谁负有直接责任,应该是母体试验检测机构。

36.【答案】A

【解析】见《数值修约规则与极限数值的表示和判定》(GB/T 8170—2008)。

37.【答案】C

【解析】见《公路水运工程试验检测管理办法》第十二条、第十四条。这里需要注意的是首先看清楚是“属于”还是“不属于”;其次,还要知道初审完成的工作。“第十二条　初审主要包括以下内容:(一)试验检测水平、人员及检测环境等条件是否与所申请的等级标准相符;(二)申报的试验检测项目范围及设备配备与所申请的等级是否相符;(三)采用的试验检测标准、规范和规程是否合法有效;(四)检定和校准是否按规定进行;(五)质量保证体系是否具有可操作性;(六)是否具有良好的试验检测业绩。”“第十四条　现场评审是通过对申请人完成试验检测项目的实际能力、检测机构申报材料与实际状况的符合性、质量保证体系和运转等情

况的全面核查。”选项C是现场评审内容。

38.【答案】D

【解析】见《公路水运工程试验检测管理办法》第二十二条。换证复核合格的,予以换发新的《等级证书》。不合格的,质监机构应当责令其在6个月内进行整改。6个月换算为180天,只是表述方式不一样而已。

39.【答案】D

【解析】见《公路水运工程试验检测专业技术人员职业资格考试实施办法》第十六条和第十七条。需要分别记忆助理试验检测工程师和试验检测工程师在能力上的不同要求,还要注意题干是“不属于”。

40.【答案】D

【解析】见《中华人民共和国法定计量单位》。

二、判断题

1.【答案】正确

【解析】见《公路工程标准体系》1.3。需要正确记忆公路工程标准体系范围的概念。

2.【答案】不正确

【解析】见《中华人民共和国标准化法》第二章第七条。“国家标准、行业标准分为强制性标准和推荐性标准。”

3.【答案】不正确

【解析】见《公路水运工程试验检测信用评价办法(试行)》机构划分等级,人员实行累计扣分制,没有等级之分。审题时一定要看清楚是针对机构的还是针对人员的。

4.【答案】不正确

【解析】是由交通运输部办公厅发布的。这是一个细节问题。发布机构很多,具体到某个文件是什么机构发布的需要细致辨析,尤其是《加强……工作的意见》好像是省级主管机构发布的,实际上不是。

5.【答案】不正确

【解析】见《公路水运工程试验检测信用评价办法(试行)》第一章第二条。

6.【答案】正确

【解析】见《公路水运工程试验检测信用评价办法(试行)》附件2。注意区分机构的失信行为扣分标准与人员的失信行为扣分标准不一样。

7.【答案】正确

【解析】见《公路水运工程试验检测管理办法》第四十二条。

8.【答案】不正确

【解析】见《公路水运工程试验检测管理办法》第十四条。初审合格的进入现场评审阶段;初审认为有需要补正的,质监机构应当通知申请人予以补正直至合格;初审不合格的,质监机构才应当及时退还申请材料,并说明理由。文件分别说明了"初审合格""初审合格但需要补正""初审不合格"三个层次的处理办法。

9.【答案】正确

【解析】见《公路水运工程试验检测机构换证复核细则》第四条。"申请换证复核的试验检测机构应将机构、人员等信息录入部质监局试验检测管理信息系统,并能及时维护和更新信息。"要强调的是机构、人员信息的录入是进行评审工作的前提条件,省级质监机构和现场核查专家组在进行材料审查时,都需要核查在部质监局试验检测管理信息系统里的相关信息。

10.【答案】不正确

【解析】见《公路水运工程试验检测机构换证复核细则》第十条。"属于部质监局评定的增项复核以书面审查为主。有增项的试验检测机构,在等级证书有效期满,提交换证复核申请时,同时提交增项复核申请,增项部分由省级质监机构初审合格后报部质监局。"本题考查的关键是程序问题,应该是"由省级质监机构初审合格后报部质监局"。

11.【答案】不正确

【解析】见《公路水运工程试验检测管理办法》第三十八条。检测机构依据合同承担公路水运工程试验检测业务,不得转包、违规分包。注意"违规"一词。

12.【答案】不正确

【解析】一个组织的质量管理体系只能有一个。

13.【答案】正确

【解析】见考试用书"能力验证"相关内容。

14.【答案】正确

【解析】见《中华人民共和国法定计量单位》(1984 年 2 月 27 日国务院发布)。

15.【答案】不正确

【解析】见考试用书"能力验证"相关内容。

16.【答案】正确

【解析】见《公路水运工程试验检测信用评价办法(试行)》第一章第二条。

17.【答案】正确

【解析】见《公路水运工程试验检测信用评价办法(试行)》第二章第六条。注意区分机构、人员、工地试验室授权负责人几种不同的评价方法。

18.【答案】不正确

【解析】《公路水运工程试验检测管理办法》第三条规定:部质监局负责甲级、专项类、水运工程材料类、结构类甲级;省级质监机构负责综合类乙、丙级,水运工程材料类乙、丙级和

水运工程结构类乙级。

19.【答案】不正确

【解析】见《公路水运工程试验检测机构换证复核细则》第六条。有增项的试验检测机构在等级证书有效期满,提交换证复核申请时,应同时提交增项复核申请。属于部质监局核查的增项部分由省级质监机构初审合格后报部质监局,部质监局从部专家库中抽专家参加现场核查。

20.【答案】不正确

【解析】见《公路水运工程试验检测机构换证复核细则》第十三条、第十四条。"第十三条　现场核查过程中发现的相关问题,按有关规定记入试验检测机构当年信用评价。""第十四条　试验检测机构存在伪造检测报告、试验检测数据造假、人员冒名顶替、借(租)用试验检测仪器设备等弄虚作假行为的,取消换证复核资格、注销《等级证书》,且2年内不得再次申报。"

21.【答案】不正确

【解析】见《关于进一步加强公路水运工程工地试验室管理工作的意见》第三条。"施工单位、监理单位应根据工程质量安全管理需要或合同约定,在工程现场可自行设立工地试验室,也可委托第三方试验检测机构设立工地试验室。"

22.【答案】不正确

【解析】不确定度的概念。

23.【答案】正确

【解析】见《公路水运工程试验检测专业技术人员职业资格制度规定》第四章第十九条。

24.【答案】不正确

【解析】见《公路水运工程试验检测管理办法》第三十一条。工程所在地省站应当对工地临时试验室进行管理。这里需要区分母体试验室对工地试验室负有的责任与省级质监部门的监督责任。

25.【答案】不正确

【解析】检定周期属于强制性约束的内容,而校准周期由组织根据使用计量器具的需要自行确定。

26.【答案】正确

【解析】见考试用书"仪器设备计量溯源及期间核查"相关内容。

27.【答案】正确

【解析】见《检验检测机构资质认定评审准则》4.4.7。

28.【答案】不正确

【解析】测量不确定度与测量方法有关，与具体测量得到的数值大小无关。

29.【答案】正确

【解析】申诉的定义。

30.【答案】正确

【解析】见《检验检测机构资质认定管理办法》(质检总局令第163号)的架构。

三、多项选择题

1.【答案】BD

【解析】见考试用书“测量误差与测量不确定度”相关内容。

2.【答案】AC

【解析】见考试用书“能力验证结果的统计处理和能力评价”相关内容、CNAS-GL02《能力验证结果的统计处理和能力评价指南》附件A 检测实验室间能力验证计划的结果处理方法“A.4 总计统计量”。

3.【答案】ABC

【解析】见《检验检测机构资质认定评审准则》4.3.1。

4.【答案】ABC

【解析】见考试用书中“测量设备”的定义。

5.【答案】ABCD

【解析】见考试用书“统计技术和抽样技术”相关内容。

6.【答案】ABCD

【解析】见《检验检测机构资质认定管理办法》第二章第十条“检验检测机构资质认定程序(一)~(四)”。

7.【答案】ACD

【解析】计量检定是指为评定计量器具的计量性能，确定其是否合格所进行的全部工作，包括检验和加封盖印等。它是进行量值传递的重要形式，是保证量值准确一致的重要措施。

8.【答案】AC

【解析】见考试用书“实验室管理”相关内容。作业指导书是用于检测人员在检验检测活动中具体实施操作而制定的手册。

9.【答案】ABCD

【解析】见《公路水运工程试验检测信用评价办法(试行)》。

10.【答案】ABCD

【解析】见考试用书“常用数理统计工具”相关内容。

11.【答案】ABD

【解析】见《标志及其使用要求》三。“资质认定标志的颜色建议为红色、蓝色或者黑色。”

12.【答案】ABC

【解析】见《检验检测机构资质认定评审准则》4.5。

13.【答案】ABCD

【解析】见《检验检测机构资质认定评审准则》4.5.17。要注意的是,新准则将“非标准方法和检验检测机构制定的方法”纳入了可以使用的范畴。

14.【答案】ABC

【解析】见《检验检测机构资质认定评审准则》4.4.5。选项D是可以通过检查、修复解决,但不会影响检测结果。

15.【答案】AB

【解析】《国家认监委关于印发检验检测机构资质认定配套工作程序和技术要求的通知》中,管理类的8个文件是:1)检验检测机构资质认定　公正性和保密性要求;2)检验检测机构资质认定　专业技术评价机构基本要求;3)检验检测机构资质认定　评审员管理要求;4)验检测机构资质认定　标志及其使用要求;5)验检测机构资质认定　证书及其使用要求;6)检验检测机构资质认定　检验检测专用章使用要求;7)验检检测机构资质认定　分类监管实施意见;8)检验检测机构资质认定　评审工作程序。

评审类的3个文件是:9)检验检测机构资质认定评审准则;10)检验检测机构资质认定刑事技术机构评审补充要求;11)检验检测机构资质认定。

司法鉴定机构评审补充要求表格类的4个文件是:12)检验检测机构资质认定许可公示表;13)检验检测机构资质认定申请书;14)检验检测机构资质认定评审报告;15)检验检测机构资质认定审批表。

16.【答案】ABD

【解析】见《公路水运工程安全生产监督管理办法》第一章第一条。考生应关注制定管理办法的上位法律法规。

17.【答案】ABCD

【解析】见《检测和校准实验室能力的通用要求》(GB/T 27025)相关内容。

18.【答案】ABCD

【解析】见《产品质量仲裁检验和产品质量鉴定管理办法》(原国家质量技术监督局第4号令)。

19.【答案】BCD

【解析】见《行业标准管理办法》(1990年8月14日国家技术监督局令第11号发布)。

20.【答案】AC

【解析】见《关于进一步加强公路水运工程工地试验室管理工作的意见》。

21.【答案】BD

【解析】见《公路水运工程试验检测管理办法》(交通运输部令2016年第80号)的规定。

22.【答案】ABC

【解析】见《检验检测机构资质认定评审准则》4.3.3、4.3.4。选项A、B、C都可以达到相邻区域有效隔离效果。

23.【答案】ABC

【解析】见《检验检测机构资质认定评审准则》4.5.32。

24.【答案】AB

【解析】见考试用书“校准数据的线性回归”相关内容。

25.【答案】ABCD

【解析】见考试用书“期间核查”相关内容。

模拟试题三

一、单项选择题

1.【答案】D

【解析】见《检验检测机构资质认定评审准则》4.3.1。只有D选项是全面的。

2.【答案】C

【解析】见《检验检测机构资质认定评审准则》4.2。

3.【答案】D

【解析】见《检验检测机构资质认定管理办法》(质检总局令第163号)第一章第三条。

4.【答案】B

【解析】见《检验检测机构资质认定评审准则》4.1.1。

5.【答案】C

【解析】见《检验检测机构资质认定评审准则》4.5。

6.【答案】B

【解析】见《计量法》第五章第二十六条、第二十七条规定。“第二十六条　使用不合格的计量器具或者破坏计量器具准确度,给国家和消费者造成损失的,责令赔偿损失,没收计量器具和违法所得,可以并处罚款。”“第二十七条　制造、销售、使用以欺骗消费者为目的的计量器具的,没收计量器具和违法所得,处以罚款;情节严重的,并对个人或者单位直接责任人员

按诈骗罪或者投机倒把罪追究刑事责任。”这个问题实际上具有很强的现实意义,我们日常的检验检测活动中会使用一些不合格的计量器具,比如,钢直尺等。

7.【答案】D

【解析】见《检验检测机构资质认定管理办法》对质量负责人的要求。

8.【答案】A

【解析】见《检验检测机构资质认定评审准则》4.2.2。

9.【答案】C

【解析】见《检验检测机构资质认定评审准则》4.1.3。

10.【答案】C

【解析】见《检验检测机构资质认定评审准则》4.2.4;ISO/IEC 17025 定义授权签字人是经认可、可以签发带认可标识的报告或证书的人员。

11.【答案】D

【解析】见《数值修约规则与极限数值的表示和判定》(GB/T 8170—2008)。

12.【答案】D

【解析】见《建设工程质量管理条例》(2005 年 09 月 28 日建设部令第 141 号发布,2015 年 05 月 04 日住房和城乡建设部令第 24 号修正)第二十九条、第三十一条。题干设计的目的主要是为了区分检验检测机构的违规行为和委托方的违规行为是不一样的。

13.【答案】A

【解析】掌握间隔修约的方法。

14.【答案】B

【解析】掌握《危险化学品安全管理条例》的实施时间。

15.【答案】B

【解析】见《公路水运工程试验检测管理办法》(交通运输部令 2016 年第 80 号)第四十七条。

16.【答案】C

【解析】见《公路试验检测数据报告编制导则》(JT/T 828—2012)的要求。

17.【答案】A

【解析】见《公路水运工程试验检测机构等级标准》和《公路水运工程试验检测机构等级评定程序》(交质监发[2008]274 号)。

18.【答案】C

【解析】见考试用书“检验检测机构资质认定管理”相关内容。

19.【答案】C

【解析】偏离程序的概念。

20.【答案】A

【解析】见考试用书“检验检测机构资质认定管理”相关内容。

21.【答案】D

【解析】见考试用书“常用数理统计工具”相关内容,掌握特征量的不同特性。

22.【答案】C

【解析】见《数值修约规则与极限数值的表示和判定》(GB/T 8170—2008)。

23.【答案】C

【解析】校准的结果可以给出《校准证书》或《校准报告》。检定则必须依据《检定规程》规定的量值误差范围,给出测量装置合格与不合格的判定,超出《检定规程》规定的量值误差范围为不合格;在规定的量值误差范围之内则为合格。

24.【答案】C

【解析】见《检验检测机构资质认定管理办法》第十三条。编号由11位变为12位,发证年份代码+发证机关代码+专业领域类别代码+行业主管部门代码+发证流水号。这里需要注意的是代码所代表的内容,且代表的五个内容一定要记忆准确。

25.【答案】A

【解析】见考试用书“仪器设备计量溯源及期间核查”相关内容。

26.【答案】C

【解析】见《检验检测机构资质认定评审准则》及释义4.5。题干加上选项C构成质量管理的全部活动。

27.【答案】C

【解析】若出具校准证书机构评定的测量设备示值误差的不确定度小于或等于被评定测量设备的最大允许误差的绝对值的1/3,则可不考虑示值误差的测量不确定度的影响。

28.【答案】C

【解析】期间核查的概念。了解需要进行期间核查的几种情形。检验检测机构应根据设备的稳定性和使用情况来判断设备是否需要进行期间核查,判断依据包括但不限于:a)设备检定或校准周期;b)历次检定或校准结果;c)质量控制结果;d)设备使用频率;e)设备维护情况;f)设备操作人员及环境的变化;g)设备使用范围的变化。

29.【答案】A

【解析】见《检验检测机构资质认定评审准则》及释义4.5。

30.【答案】C

【解析】见《检验检测机构资质认定评审准则》及释义4.5.18。

31.【答案】D

【解析】见《检验检测机构资质认定评审准则》及释义4.5.5。理解分包的概念和条

件。选项A、B两种情形是不能分包的。

32.【答案】C

【解析】见《检验检测机构资质认定评审准则》及释义4.5.6。产品质量才是检验检测机构作为使用者应关注的内容。

33.【答案】D

【解析】合同评审是评价检验检测项目的可行性,与选项A、B、C无关。评审结果可行即可与客户签订检测委任书。

34.【答案】A

【解析】见《检验检测机构资质认定 公正性和保密性要求》十~十二。选项B、C、D不属于规定的保密范围。

十、应保密的信息包括:1)检验检测机构申请资质认定的资料及文件;2)评审或其他资质认定过程中所获取的有关信息;3)检验检测机构档案;4)特别规定的其他保密信息。

十一、在下列情况下,资质认定部门可以披露保密信息:1)得到获准资质认定的检验检测机构书面同意;2)履行法定责任。

十二、下列信息不属于保密范围:1)对外公布的关于获准资质认定状态的信息,包括获准资质认定、拒绝资质认定、暂缓资质认定、暂停或撤销资质认定、扩大或缩小资质认定范围的信息及获准资质认定的范围;2)检验检测机构获取资质认定应对外公开的信息;3)资质认定部门从其他合法渠道获得的有关检验检测机构的公开信息。

35.【答案】C

【解析】见《摆式摩擦系数测定仪》(JJG 053—2009)相关要求。

36.【答案】C

【解析】见《公路水运工程试验检测管理办法》第十九条规定。

37.【答案】D

【解析】见《公路水运工程试验检测管理办法》第二十四条,这类题目需要准确记忆时限。“检测机构名称、地址、法定代表人或者机构负责人、技术负责人等发生变更的,应当自变更之日起30日内到原发证质监机构办理变更登记手续。”

38.【答案】C

【解析】见《检验检测机构资质认定评审准则》4.5.13。

39.【答案】C

【解析】《公路水运工程试验检测人员继续教育办法(试行)》自2012年1月1日起施行。

40.【答案】B

【解析】采购服务包括供应品、试剂和消耗材料等,但不包括设备/设施的安装,这是

容易误解的项目。

二、判断题

1.【答案】不正确

【解析】见考试用书“试验检测常用术语和定义”相关内容。正确度是大量测定的均值与真值的接近程度。

2.【答案】不正确

【解析】见考试用书“能力验证”相关内容和《检验检测机构资质认定管理办法》。新项目不是采用能力验证来确认的。

3.【答案】正确

【解析】扩展不确定度的定义。

4.【答案】不正确

【解析】见《检验检测机构资质认定评审准则》多场所问题。质量体系只需要覆盖到分场所,而不是建立各个分场所的质量体系。

5.【答案】正确

【解析】见考试用书“试验检测常用术语和定义”相关内容。

6.【答案】正确

【解析】见《关于公布〈公路水运工程试验检测机构等级标准〉及〈公路水运试验检测机构等级评定程序〉的通知》。

7.【答案】不正确

【解析】见《公路水运工程试验检测人员继续教育办法(试行)》。试验检测机构应督促本单位试验检测人员按要求参加继续教育,并保证试验检测人员参加继续教育的时间,提供必要的学习条件。

8.【答案】正确

【解析】见《关于进一步加强公路水运工程工地试验室管理工作的意见》的规定。

9.【答案】正确

【解析】见《公路试验检测数据报告编写导则》的规定。

10.【答案】正确

【解析】见《检验检测机构资质认定评审准则》及释义4.5.8。

11.【答案】正确

【解析】见《计量法》及《计量法实施细则》的规定。

12.【答案】不正确

【解析】见《公路水运工程试验检测管理办法》(交通运输部令2016年第80号)第二

章第六条。

13.【答案】正确

【解析】见《公路水运工程试验检测信用评价办法(试行)》《关于进一步加强公路水运工程工地试验室管理工作的意见》。

14.【答案】正确

【解析】见《检验检测机构资质认定评审准则》4.4.3。软件属于检验检测机构设备,应该纳入设备管理之中,这是新管理办法明确的问题。

15.【答案】正确

【解析】见《公路水运工程试验检测信用评价办法(试行)》附件3。注意区分机构的失信行为扣分标准与人员的失信行为扣分标准不一样。

16.【答案】不正确

【解析】《计量法》第三章第十七条规定是可以。“第十七条　个体工商户可以制造、修理简易的计量器具。制造、修理计量器具的个体工商户,必须经县级人民政府计量行政部门考核合格,发给《制造计量器具许可证》或者《修理计量器具许可证》。”

17.【答案】不正确

【解析】见《检验检测机构资质认定评审准则》4.5.1。管理体系文件应该包括作业指导书。

18.【答案】不正确

【解析】见《公路水运工程试验检测管理办法》(交通运输部令2016年第80号)第四十三条。检测人员不得同时受聘于两家以上检测机构,不得借工作之便推销建设材料、构配件和设备。

19.【答案】正确

【解析】见《检验检测机构资质认定　评审工作程序》3.4。

20.【答案】正确

【解析】见《公路水运工程试验检测信用评价办法(试行)》第十一条。注意需要区分机构、人员、工地试验室授权负责人的几种不同评价方法。

21.【答案】正确

【解析】见《公路工程标准体系》的有关术语。

22.【答案】不正确

【解析】见《公路水运工程试验检测专业技术人员职业资格考试实施办法》(人社部发[2015]59号),考试条件里没有免考条件。

23.【答案】不正确

【解析】见考试用书“仪器设备计量溯源及期间核查”及《检验检测机构资质认定管理

办法》(交通运输部令2016年第80号)相关内容。

24.【答案】正确

【解析】见考试用书"试验检测常用术语和定义"相关内容。

25.【答案】不正确

【解析】见《检验检测机构资质认定　评审工作程序》1.2。

26.【答案】不正确

【解析】见《公路水运工程试验检测管理办法》(交通运输部令2016年第80号)第二十一条。换证复核是以书面审查为主。等级评定工作分为受理、初审、现场评审3个阶段。

27.【答案】正确

【解析】见《公路工程标准体系》1.6.3。这是关于体系编号定义规则的内容。

28.【答案】正确

【解析】见《公路水运工程试验检测管理办法》(交通运输部令2016年第80号)第三十七条。"检测机构在同一公路水运工程项目标段中不得同时接受业主、监理、施工等多方的试验检测委托。"

29.【答案】正确

【解析】见《公路水运工程试验检测管理办法》(交通运输部令2016年第80号)第三条。这是需要记忆的众多概念、定义之一。这类概念需要正确、准确记忆每个文字。

30.【答案】不正确

【解析】见《公路水运工程试验检测管理办法》(交通运输部令2016年第80号)第三十一条。"工程所在地省站应当对工地临时试验室进行监督。"注意这里是工程所在地域的省级交通质量监督机构。

三、多项选择题

1.【答案】BD

【解析】见《公路水运工程试验检测管理办法》(交通运输部令2016年第80号)第二章第十二条。初审主要包括以下内容:(一)试验检测水平、人员及检测环境等条件是否与所申请的等级标准相符;(二)申报的试验检测项目范围及设备配备与所申请的等级是否相符;(三)采用的试验检测标准、规范和规程是否合法有效;(四)检定和校准是否按规定进行;(五)质量保证体系是否具有可操作性;(六)是否具有良好的试验检测业绩。选项A、C是申请时应向所在地省站提交的材料。

2.【答案】ABCD

【解析】见国家标准《标准化工作指南　第1部分:标准化和相关活动的通用词汇》

(GB/T 20000.1—2014)。

3.【答案】ACD

【解析】校准可以自校、外校或自校与外校结合。选项B不是校准的方式。

4.【答案】ABCD

【解析】见考试用书“统计技术的基础”相关内容。

5.【答案】AD

【解析】见《检验检测机构资质认定管理办法》。

6.【答案】ACD

【解析】见《公路水运工程试验检测专业技术人员职业资格制度规定》(人社部发[2015]59号)。

7.【答案】ABD

【解析】见《公路水运工程安全生产监督管理办法》。

8.【答案】BCD

【解析】见考试用书“能力验证”相关内容。

9.【答案】AC

【解析】见考试用书“仪器设备计量溯源”相关内容。

10.【答案】ACD

【解析】见考试用书“国际单位制”相关内容。

11.【答案】ABC

【解析】样品进入检验检测机构后,应该经历未检、在检、检毕三个过程。选项D不是样品状态。

12.【答案】CD

【解析】见《公路水运工程试验检测管理办法》(交通运输部令2016年第80号)。

13.【答案】AB

【解析】见考试用书“统计技术和抽样技术”相关内容。

14.【答案】ABD

【解析】见《关于公布〈公路水运工程试验检测机构等级标准〉及〈公路水运试验检测机构等级评定程序〉的通知》。

15.【答案】AD

【解析】见《检验检测机构资质认定评审准则》4.4.6。“无论什么原因,若设备脱离了检验检测机构的直接控制,应确保该设备返回后,在使用前对其功能和校准状态进行核查,并得到满意结果。”

16.【答案】BC

【解析】标准物质的定义。

17.【答案】BCD

【解析】见《检验检测机构资质认定管理办法》第十八条。“评审组在技术评审中发现有不符合要求时，应当书面通知申请人限期整改，整改期不得超过30个工作日。逾期未完成整改或者整改后仍不符合要求的，相应评审项目应当判定不合格。”

18.【答案】AB

【解析】见《中华人民共和国法定计量单位》(1984年2月27日国务院发布)。

19.【答案】BCD

【解析】见《中华人民共和国法定计量单位》(1984年2月27日国务院发布)。

20.【答案】AC

【解析】见《中华人民共和国法定计量单位》(1984年2月27日国务院发布)。

21.【答案】ACD

【解析】见《公路水运工程试验检测信用评价办法(试行)》。

22.【答案】ABCD

【解析】见考试用书“能力验证”相关内容。

23.【答案】ABC

【解析】见考试用书“能力验证结果的统计处理和能力评价”相关内容。

24.【答案】ACD

【解析】见考试用书“能力验证”相关内容。

25.【答案】ABCD

【解析】见《公路水运工程试验检测管理办法》(交通运输部令2016年第80号)和《关于公布〈公路水运工程试验检测机构等级标准〉及〈公路水运试验检测机构等级评定程序〉的通知》。

第二部分　桥梁隧道工程

模拟试题一

说明:1. 本模拟试题设置单选题30道、判断题30道、多选题20道、综合题5道(含25道小题),总计150分;模拟自测时间为150分钟。

2. 本模拟试题仅供考生进行考前自测使用。

一、单项选择题(下列各题中,只有一个备选项最符合题意,请填写最符合题意的一个备选项,选错或不选不得分。每题1分。)

1. 以下不属于分项工程质量检验内容的是(　　)。

A. 外观缺陷检查　　B. 质量保证资料完整性

C. 实测项目得分　　D. 施工准备

2. 累年最冷月份平均气温低于或等于－10℃地区的小桥,其表层石料的抗冻性指标为(　　)。

A. 50次　　B. 40次　　C. 35次　　D. 25次

3. 混凝土立方体抗压强度标准试件的尺寸为(　　)。

A. 70mm×70mm×70mm

B. 100mm×100mm×100mm

C. 150mm×150mm×150mm

D. 200mm×200mm×200mm

4. 按结构形式划分,用6根刻痕钢丝和一根光圆中心钢丝捻制的钢绞线的代号为(　　)。

A. 1×6　　B. 1×6Ⅰ　　C. 1×7　　D. 1×7Ⅰ

5. 盆式支座竖向承载力试验正式加载前,需对支座进行3次预压,预压初始荷载为该试验支座竖向设计承载力的(　　)。

A. 1%　　B. 2%　　C. 3%　　D. 5%

6. 隧道用土工织物试样调湿与饱和的温度、湿度条件为(　　)。

A. 温度20°C±2°C、相对湿度65%±5%

B. 温度20°C±2°C、相对湿度75%±5%

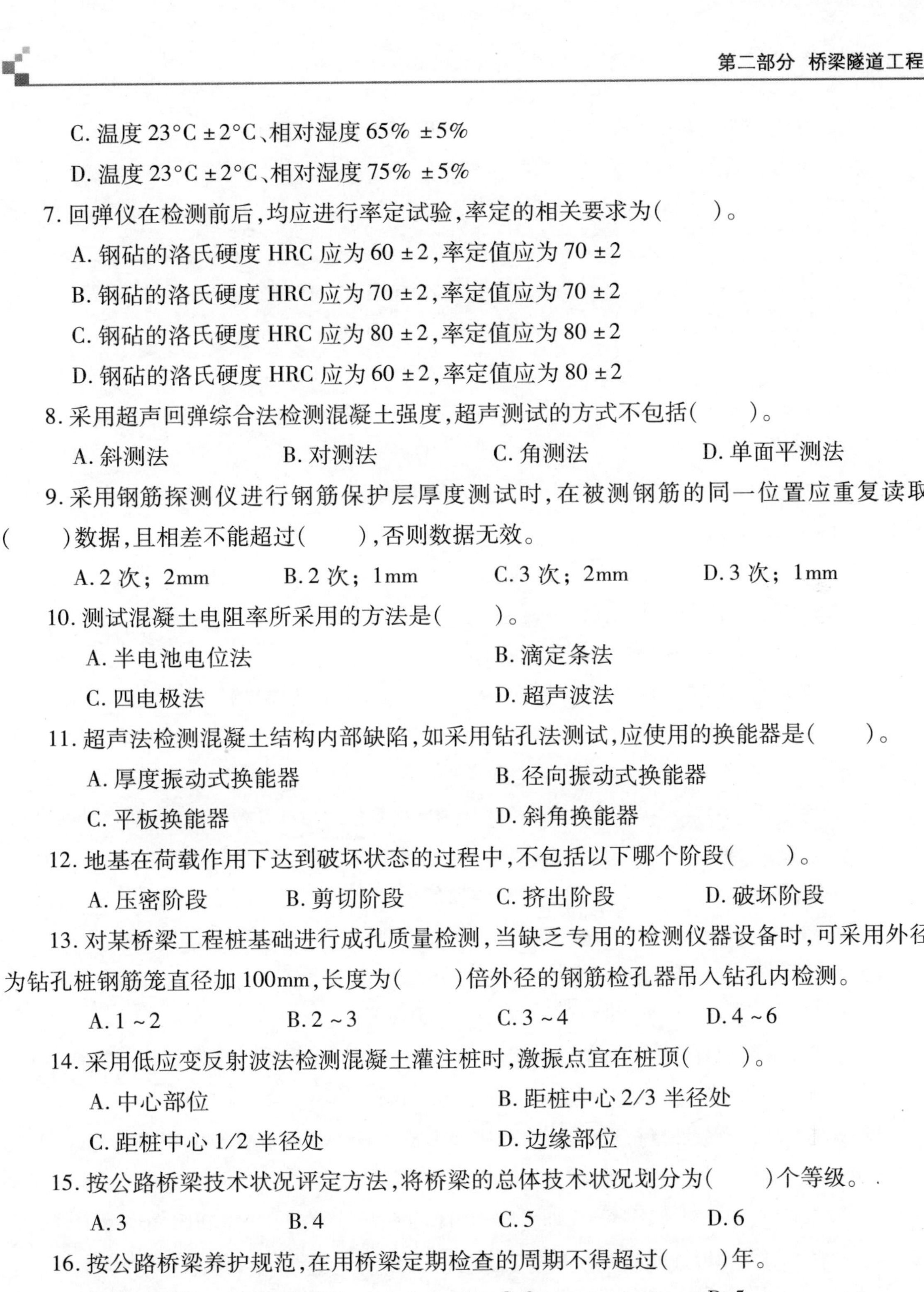

C. 温度23°C ±2°C、相对湿度65% ±5%

D. 温度23°C ±2°C、相对湿度75% ±5%

7. 回弹仪在检测前后,均应进行率定试验,率定的相关要求为(　　)。

A. 钢砧的洛氏硬度 HRC 应为60 ±2,率定值应为70 ±2

B. 钢砧的洛氏硬度 HRC 应为70 ±2,率定值应为70 ±2

C. 钢砧的洛氏硬度 HRC 应为80 ±2,率定值应为80 ±2

D. 钢砧的洛氏硬度 HRC 应为60 ±2,率定值应为80 ±2

8. 采用超声回弹综合法检测混凝土强度,超声测试的方式不包括(　　)。

A. 斜测法　　B. 对测法　　C. 角测法　　D. 单面平测法

9. 采用钢筋探测仪进行钢筋保护层厚度测试时,在被测钢筋的同一位置应重复读取(　　)数据,且相差不能超过(　　),否则数据无效。

A. 2 次；2mm　　B. 2 次；1mm　　C. 3 次；2mm　　D. 3 次；1mm

10. 测试混凝土电阻率所采用的方法是(　　)。

A. 半电池电位法　　B. 滴定条法

C. 四电极法　　D. 超声波法

11. 超声法检测混凝土结构内部缺陷,如采用钻孔法测试,应使用的换能器是(　　)。

A. 厚度振动式换能器　　B. 径向振动式换能器

C. 平板换能器　　D. 斜角换能器

12. 地基在荷载作用下达到破坏状态的过程中,不包括以下哪个阶段(　　)。

A. 压密阶段　　B. 剪切阶段　　C. 挤出阶段　　D. 破坏阶段

13. 对某桥梁工程桩基础进行成孔质量检测,当缺乏专用的检测仪器设备时,可采用外径为钻孔桩钢筋笼直径加100mm,长度为(　　)倍外径的钢筋检孔器吊入钻孔内检测。

A. 1 ~2　　B. 2 ~3　　C. 3 ~4　　D. 4 ~6

14. 采用低应变反射波法检测混凝土灌注桩时,激振点宜在桩顶(　　)。

A. 中心部位　　B. 距桩中心 2/3 半径处

C. 距桩中心 1/2 半径处　　D. 边缘部位

15. 按公路桥梁技术状况评定方法,将桥梁的总体技术状况划分为(　　)个等级。

A. 3　　B. 4　　C. 5　　D. 6

16. 按公路桥梁养护规范,在用桥梁定期检查的周期不得超过(　　)年。

A. 1　　B. 2　　C. 3　　D. 5

17. 当桥梁总体技术状况等级达到(　　)时,应采取大修或改造措施。

A. 2 类　　B. 3 类　　C. 4 类　　D. 5 类

18. 以下选项中,哪一项是桥梁静载试验的检测内容(　　)。

A. 应变、挠度、裂缝测试　　B. 材质状况检测

C. 频率、阻尼比、振型　　D. 冲击系数、灵敏系数

19. 用电阻应变片测量混凝土桥梁结构的表面应变时,以下几种应变片中较适合的是(　　)。

A. 标距 3 ~ 5mm　　B. 标距 5 ~ 30mm

C. 标距 30 ~ 60mm　　D. 标距 80 ~ 100mm

20. 以下仪器中,(　　)不适合用于桥梁结构动态参数测试。

A. 电阻应变片　　B. 振弦式应变计

C. 机电百分表　　D. 磁电式速度传感器

21. 某混凝土桥梁荷载试验时,采用电阻应变仪测试混凝土表面的应变,关于温度补偿片的正确做法是(　　)。

A. 可将温度补偿片粘贴在桥面混凝土栏杆上

B. 可将温度补偿片粘贴在桥下通风、干燥的石头上

C. 可将温度补偿片粘贴在自备的钢筋上

D. 可紧邻工作应变片在其垂直方向粘贴 1 个应变片作为温度补偿

22. 对在用桥梁进行承载力检测评定,完成一系列现场检查、调查工作的主要目的是(　　)。

A. 评定桥梁的技术状况等级　　B. 获取分项检算系数

C. 了解桥梁的动力性能　　D. 掌握桥梁的变形规律

23. 按照隧道长度进行分类,下列属于长隧道的是(　　)。

A. 1500m　　B. 500m　　C. 3500m　　D. 4500m

24. 采用激光断面仪检测隧道断面,初期支护的断面检测间距一般为(　　)一个。

A. 5m　　B. 8m　　C. 10m　　D. 15m

25. 采用激光断面仪或地质雷达检查混凝土衬砌厚度时,间隔(　　)检查一个断面。

A. 20m　　B. 30m　　C. 40m　　D. 50m

26. 隧道二次衬砌应满足抗渗要求,有冻害及最冷月份平均气温低于 -15℃ 的地区,混凝土的抗渗等级不低于(　　)。

A. P4　　B. P6　　C. P8　　D. P10

27. 采用超前管棚进行围岩稳定处治时,纵向两组管棚间水平搭接长度应不小于(　　)。

A. 1m　　B. 2m　　C. 2.5m　　D. 3m

28. 对施工隧道进行有害气体检测时,采用亚甲基蓝比色法检测的气体为(　　)。

A. 甲烷　　B. 一氧化碳　　C. 氡气　　D. 硫化氢

29. 单向交通且以设计速度通过的隧道的行车时间超过 135s 时,隧道中间段至少应分为

(　　)个照明段。

A. 2　　B. 3　　C. 4　　D. 5

30. 对于新建隧道，其首次定期检查的时间应为(　　)。

A. 交付使用1年后　　B. 交付使用2年后

C. 交付使用3年后　　D. 任意时间

二、判断题(请对下列题述观点正确与否进行判断，判断准确得分，否则不得分。每题1分。)

1. 桥梁工程质量评定是按照先分部工程、再分项工程、再单位工程、再合同段和建设项目这一顺序，逐级进行质量等级评定。

(　　)正确　　(　　)不正确

2. 桥梁工程质量评定中，防护工程被划归为分部工程。

(　　)正确　　(　　)不正确

3. 在常温条件下，对没有明显屈服现象的钢材标准试样进行拉伸试验，由于应力-延伸率曲线没有明显的屈服现象，通常取塑性延伸率为0.2%所对应的应力作为规定塑性延伸强度。

(　　)正确　　(　　)不正确

4. 混凝土原材料砂的细度模数为3.5，则该砂为中砂。

(　　)正确　　(　　)不正确

5. 板式橡胶支座抗压弹性模量试验，3个试件的实测单项结果和算术平均值之间的偏差不应大于算术平均值的3%，否则该试样应重新复核试验一次。

(　　)正确　　(　　)不正确

6. 采用梯形法测定无纺土工织物的纬向撕裂强度时，剪取试样长边应与织物纬向垂直，使切缝平行于纬向。

(　　)正确　　(　　)不正确

7. 采用超声回弹综合法检测混凝土的抗压强度时，测区只能选在混凝土浇筑面的侧面。

(　　)正确　　(　　)不正确

8. 采用钻芯法检测混凝土的抗压强度时，芯样试件应在清水中浸泡24h。

(　　)正确　　(　　)不正确

9. 混凝土中氯离子含量检测，每一测区取粉的钻孔数量不宜少于3个。

(　　)正确　　(　　)不正确

10. 在进行混凝土内部钢筋位置及保护层测定时，探头的长轴方向应尽量与被测钢筋的方向垂直，且沿被测钢筋的走向移动。

(　　)正确　　(　　)不正确

11. 对钢结构构件进行成品外观检验之前,需将焊缝附近 10 ~ 20mm 的污物清除干净。

( )正确　　　　( )不正确

12. 根据重型动力触探试验锤击数,将碎石土的密实度分为松散、稍密、中密、密实 4 个等级。

( )正确　　　　( )不正确

13. 单桩混凝土芯样试件抗压强度代表值是指该桩中不同深度位置的混凝土芯样试件抗压强度代表值中的最小值。

( )正确　　　　( )不正确

14. 对桥梁的特殊检查应委托具有相应资质和能力的单位承担。

( )正确　　　　( )不正确

15. 在进行桥梁技术状况评定时,石拱桥主拱圈上的侧墙属于次要部件。

( )正确　　　　( )不正确

16. 对某简支梁桥进行经常检查时发现一片 T 梁的缺损达到三类,应立即安排定期检查。

( )正确　　　　( )不正确

17. 某桥梁上部结构为全预应力箱梁,静载试验过程中也要进行裂缝观测。

( )正确　　　　( )不正确

18. 某桥梁静载试验共使用两台加载车进行加载,因此只能分两级加载。

( )正确　　　　( )不正确

19. 电子水准仪可以自动测试并记录,因此适用于桥梁动载试验的动挠度测试。

( )正确　　　　( )不正确

20. 某桥梁桥下净空较高,利用桥检车作为荷载试验的检测平台。加载前已发现主体结构开裂,静载试验加载到控制荷载后,检测人员应利用桥检车进行裂缝扩展情况观测。

( )正确　　　　( )不正确

21. 在用桥梁可采用荷载试验和基于技术状况检查的结构检算来评定其承载力。

( )正确　　　　( )不正确

22. 公路隧道结构设计采用工程类比为主、计算分析为辅,实行动态设计的方式。

( )正确　　　　( )不正确

23. 钻爆法是目前我国公路隧道最常用的开挖掘进方式。

( )正确　　　　( )不正确

24. 防水板焊缝可采用充气法进行检查,检查方法是将 5 号注射针与压力表相接,用打气筒充气,当压力表达到 0.25MPa 时,保持 10min,压力下降在 10% 以内,则焊缝质量合格。

( )正确　　　　( )不正确

25. 隧道注浆应根据使用目的选择适宜的注浆材料,以堵水为目的的注浆宜采用强度较高、凝固时间短的双液浆或其他化学浆液。

(　　)正确　　　　　　　　　　(　　)不正确

26. 隧道超前钻探常采用冲击钻探法,该方法速度快、效率高,同时还可以获取芯样,进行地质状况鉴定。

(　　)正确　　　　　　　　　　(　　)不正确

27. 红外探测法是利用红外辐射原理制成的,可定量探测前方出水量的大小。

(　　)正确　　　　　　　　　　(　　)不正确

28. 用于检测隧道内瓦斯浓度的光干涉瓦斯检定器与催化型瓦斯测量仪的测试原理相同。

(　　)正确　　　　　　　　　　(　　)不正确

29. 行人与车辆混合通行的运营隧道,其中间段亮度不应小于 $2.0\mathrm{cd/m^2}$。

(　　)正确　　　　　　　　　　(　　)不正确

30. 可采用水准仪检测隧道净空断面变化情况。

(　　)正确　　　　　　　　　　(　　)不正确

三、多项选择题(在下列各题的备选答案中,有两个或两个以上的备选项符合题意,请填写符合题意的备选项,选项部分正确按比例得分,出现错误选项该题不得分,完全正确的得满分。每题2分。)

1. 根据《公路工程质量检验评定标准》的相关规定,在进行工程质量检验(等级)评定时,下列表述正确的是(　　)。

A. 分部工程中分项工程的合格率大于90%的,则该分部工程合格

B. 分项工程评分在70分以上的,该分项工程合格

C. 分项工程评分在75分以上的,该分项工程合格

D. 对于机电工程和属于工厂加工制造的桥梁金属构件的分项工程,则得分不低于90分才为合格

2. 混凝土棱柱体抗压弹性模量试验中用到的仪器设备包括(　　)。

A. 压力试验机或万能试验机　　　　B. 百分表

C. 千分表　　　　　　　　　　　　D. 微变形测量仪固定支架

3. 关于板式橡胶支座抗剪弹性模量试验试样放置要求,下列说法正确的是(　　)。

A. 对中偏差小于1%的试样短边尺寸或直径

B. 对中偏差小于1%的试样长边尺寸或直径

C. 当试样为矩形支座时,应使支座顺其长边方向受剪

D. 当试样为矩形支座时,应使支座顺其短边方向受剪

4. 回弹法检测混凝土强度,关于的测区选择,下列表述错误的是(　　)。

A. 相邻两测区的间距不应大于 1m

B. 对一般构件,测区数不宜少于 10 个

C. 测区离构件端部或施工缝边缘的距离不宜小于 0.5m,且不宜大于 1.0m

D. 测区的面积不宜大于 0.09m^2

5. 采用超声回弹综合法检测混凝土强度,下列说法正确的是(　　)。

A. 为保证测试质量,应先完成超声测试再进行回弹测试

B. 按单个构件检测时,每个构件上测区数量不应少于 5 个

C. 每个测区内应布置 3 个超声测点

D. 超声测试宜优先采用对测或角测,当不具备条件时可采用单面平测

6. 采用超声平测法测定混凝土结构的裂缝深度,下列操作中正确的是(　　)。

A. 用钢卷尺量取两换能器的中心距作为测距

B. 裂缝区域混凝土内部有钢筋时,两换能器的连线应尽量与钢筋轴线平行

C. 除跨裂缝测量声时外,还应对裂缝附近完好的混凝土区域进行声时测量

D. 测试前应先读取并记录零声时

7. 对钢结构构件焊接质量的检验,主要按(　　)等几个阶段进行。

A. 焊前检验　　B. 焊接过程中检验

C. 焊后成品检验　　D. 焊接工具检验

8. 公路桥涵地基的岩土分类包括(　　)等。

A. 岩石　　B. 碎石土　　C. 砂土　　D. 特殊性岩土

9. 采用跨孔透射法检测某桥梁工程桩基础的完整性时,其测试方式分为(　　)。

A. 对测　　B. 斜测　　C. 扇形测　　D. 竖测

10. 在进行桥梁技术状况评定时,按结构组成划分为(　　)分别进行检查和评定。

A. 桥面系　　B. 上部结构　　C. 基础结构　　D. 下部结构

11. 对在用公路桥梁进行裂缝检查,规范中对于裂缝的限值规定包括(　　)。

A. 普通钢筋混凝土梁在主筋附近的竖向裂缝宽度不得大于 0.25mm

B. 预应力混凝土梁不允许出现纵向裂缝

C. 普通钢筋混凝土梁在主筋附近的竖向裂缝宽度不得大于 0.35mm

D. 预应力混凝土梁不允许出现宽度超过 0.20mm 的纵向裂缝

12. 下列仪器中,可用于桥梁结构裂缝宽度测量的包括(　　)。

A. 分辨力为 1mm 的钢直尺　　B. 裂缝读数显微镜

C. 游标卡尺　　D. 数显裂缝观测仪

13. 采用振动法测定斜拉桥索力,索力计算需要测定和确定的参数包括(　　)。

A. 灵敏系数　　B. 自振频率的阶数

C. 自振频率值　　D. 拉索的伸长量

14. 桥梁动载试验的动力(自振)特性测定参数包括(　　)。

A. 动挠度　　B. 自振频率　　C. 阻尼　　D. 振型

15. 基于技术状况检查的桥梁结构承载力检测评定,为确定分项检算系数,需完成的工作包括(　　)。

A. 桥梁缺损状况检查　　B. 获取结构的实际冲击系数

C. 桥梁材质状况检测　　D. 实际运营荷载状况调查

16. 公路隧道检测、监测内容包括(　　)。

A. 开挖断面检测　　B. 衬砌结构强度检测

C. 施工监控量测　　D. 超前地质预报

E. 运营期间洞身动力反应测定

17. 关于对隧道内防水层铺设的基面要求,下列表述正确的有(　　)。

A. 喷射混凝土基面应平整

B. 防水层施工时,基面不得有明水

C. 隧道断面变化或转弯处的阴角应抹成半径大于 3cm 的圆弧

D. 基面不得有钢筋、凸出的构件等尖锐突出物

18. 隧道施工环境检测的主要任务包括(　　)等。

A. 检测隧道内的粉尘浓度　　B. 检测隧道内的有害气体浓度

C. 检测隧道内的核辐射强度　　D. 检测隧道照明情况

19. 长度为 2000m 的隧道,其照明方式根据隧道行车的视觉特点划分为(　　)。

A. 入口段照明　　B. 过渡段照明　　C. 中间段照明　　D. 出口段照明

20. 根据检测目的、内容和范围的不同,运营期间隧道检测可分为(　　)。

A. 经常性检查　　B. 定期检查　　C. 专项检查　　D. 应急检查

四、综合题(按所给问题的背景资料,正确分析并回答问题。每大题有 5 小题,每小题有四个备选项,请从中选出一个或一个以上正确答案,选项全部正确得分,出现漏选或错误选项均不得分。每小题 2 分。)

1. 静载锚固性能试验是锚具、夹具、连接器力学性能试验的重要检测项目。关于锚具静载锚固性能试验,回答下列问题。

(1)锚具的静载锚固性能应满足(　　)的力学性能要求。

A. $\eta_a \geq 0.95$　　B. $\eta_a \geq 0.92$　　C. $\varepsilon_{apu} \geq 2.0\%$　　D. $\varepsilon_{apu} \geq 2.5\%$

(2)锚具静载锚固性能试验前,需对单根预应力钢绞线进行力学性能试验,钢绞线试样数量不应少于(　　)根。

A. 3　　B. 4　　C. 5　　D. 6

(3)锚具静载锚固性能试验用设备,一般由以下哪些装置组成(　　)。

A. 加载千斤顶　　B. 荷载传感器

C. 承力台座　　D. 液压油泵源及控制系统

(4)试验过程中,需观测锚具的变形,下列表述正确的有(　　)。

A. 在静载锚固性能满足后,夹片允许出现微裂和横向断裂

B. 预应力筋达到极限破断时,锚板不允许出现过大塑性变形

C. 预应力筋达到极限破断时,锚板中心残余变形不应出现明显挠度

D. 夹片回缩 Δb 较预应力筋应力为 $0.8f_{ptk}$ 时成倍增加,表明已失去可靠的锚固性能

(5)若某一组件实测极限拉力为 1846.5kN,计算极限拉力之和为 1901.3kN,预应力筋效率系数为 0.98,按照国家标准《预应力筋用锚具、夹具和连接器》(GB/T 14370—2007)进行计算,该组件锚具效率系数为(　　)。

A. 0.95　　B. 0.97　　C. 0.99　　D. 1.03

2. 采用圆锥动力触探试验判定桥梁地基土层的物理力学性质,采用的圆锥的规格为落锤质量 63.5kg,锤落距 76cm,探头直径 74mm,探杆直径 42mm。请根据以上内容,回答下列问题。

(1)采用的圆锥动力触探试验的类型为(　　)。

A. 轻型　　B. 重型　　C. 超重型　　D. 特重型

(2)在现场进行动力触探试验时,以下哪几种锤击速率符合规范规定(　　)。

A. 10 击/min　　B. 20 击/min　　C. 25 击/min　　D. 50 击/min

(3)锤击过程中,记录每贯入(　　)时相应的锤击数。

A. 5cm　　B. 10cm　　C. 15cm　　D. 20cm

(4)下列选项中,对于试验数据修正方法的表述,正确的包括(　　)。

A. 若地基土为碎石土,实测锤击数应根据探杆长度进行修正

B. 若地基土为砂土,触探深度为 10m 时,实测锤击数在修正时可不考虑侧壁摩擦的影响

C. 若地基土为砂土,触探深度为 10m 时,实测锤击数在修正时必须考虑侧壁摩擦的影响

D. 若地基土为粗砂,且位于地下水位以下,实测锤击数在修正时应考虑地下水的影响

(5)本次试验的相关结果可用于下列(　　)等方面的分析评定。

A. 评价地基的密实度　　B. 评价地基的承载力

C. 评价地基均匀性　　D. 确定地基土的变形模量

3. 对某 1 孔 20m 的在用普通钢筋混凝土简支 T 梁桥进行静载试验,该桥跨越河沟,搭设

悬吊挂篮作为检测平台。试完成以下相关试验准备及测试操作等工作。

(1)适用于该桥静载试验挠度测试的设备有(　　)。

A. 普通光学水准仪　　B. 精密光学水准仪

C. 电测位移计　　D. 电子水准仪

(2)静载试验,采用电阻应变仪对跨中截面 T 梁的底面及翼缘板底面进行应变(应力)测试,则现场所需的应变传感器包括(　　)。

A. 80 ~ 100mm 标距应变片　　B. 机电百分表

C. 3 ~ 5mm 标距应变片　　D. 应变式压力传感器

(3)静载试验的测试内容应包括(　　)。

A. 应变　　B. 挠度　　C. 阻尼　　D. 裂缝

(4)加载前调试仪器,发现应变调零值不稳定、随机波动,分析可能的原因有(　　)。

A. 应变片焊接不可靠　　B. 测站附近变电站的电磁干扰

C. T 梁的混凝土强度不足　　D. 灵敏系数误设为正确值的 1/2

(5)静载试验加载实施时,以下哪些做法是错误的(　　)。

A. 试验桥梁为小跨径桥梁,无需进行分级加载

B. 可采用三轴车作为试验加载车辆

C. 卸载后须进行裂缝观测

D. 试验荷载作用下,跨中附近出现新裂缝,最大宽度达到 0.18mm,因此需终止加载试验

4. 某隧道采用全断面法开挖,在初期支护后对拱顶下沉进行量测,基点测桩布置在已作迎拱回填且稳定的路基上,测量通视条件好,无需转站。采用精密水准仪配合测微器进行拱顶下沉测量,测量时基点和测点处的塔尺均采用正立(塔尺刻度值从下往上增大)。以下是某测点(拱顶轴线处)的前 6 次量测数据,每天测量一次;假定基点稳定无变形,且忽略测量误差,请回答以下问题。

测次	基点后视高程读数(mm)	测点高程读数(mm)
1	1520.50	2300.00
2	1518.55	2298.80
3	1535.64	2316.25
4	1529.75	2310.61
5	1525.50	2306.53
6	1528.33	2309.49

(1)拱顶下沉测点应在开挖后 24h 之内,距离开挖断面(　　)范围内埋设。

A. 0.5m　　B. 1m　　C. 2m　　D. 3m

(2)为保证观测精度,基点测桩应布置在通视条件好、地基稳定无变形的坚硬岩石或构造物上,一般要求距离被测断面(　　)以外。

A. 50m　　B. 20m　　C. 10m　　D. 5m

(3)第 2 次量测相对首次测量的拱顶下沉量为(　　)。

A. －1.95mm　　B. 1.95mm　　C. 1.20mm　　D. 0.75mm

(4)第 6 次量测相对首次测量的拱顶累计下沉量为(　　)。

A. －7.83mm　　B. 7.83mm　　C. 1.66mm　　D. 9.49mm

(5)对前 6 次测量数据进行分析处理,其结果表明,被测点在本阶段的下沉变形特征为(　　)。

A. 位移速率逐渐变小,被测点变形状态正常

B. 位移速率基本不变,无稳定趋势

C. 位移速率增大,处于不稳定状态

D. 现有数据规律性较差,无法判断

5. 锚杆支护是隧道初期支护的重要形式,它是预先在围岩钻好的锚孔内插入一定长度的锚杆体,并采用机械方法或锚固剂的方法将锚杆体与围岩锚固在一起,形成锚杆支护结构。请回答以下问题。

(1)对于杆体材料为钢材的锚杆,其断后伸长率不应小于(　　)。

A. 10%　　B. 14%　　C. 15%　　D. 16%

(2)锚杆安装质量检查内容主要包括(　　)。

A. 锚杆抗拔力　　B. 锚杆孔位、孔深

C. 锚杆抗拉强度　　D. 锚杆锚固密实度

(3)下列关于锚杆抗拔力检测和合格判定的相关表述,正确的有(　　)。

A. 检测数量为锚杆数的 2% 且每次不少于 3 根

B. 同组锚杆抗拔力的平均值应不小于设计值

C. 单根锚杆的抗拔力不得低于设计值的 95%

D. 单根锚杆的抗拔力不得低于设计值的 90%

(4)下列关于锚杆抗拔力测试的表述,正确的有(　　)。

A. 锚杆外露长度不够时,需对受检锚杆做加长处理,可采用连接套筒接长,连接抗拉强度应能承受 100% 杆体极限抗拉力

B. 测试前应用砂浆将试验锚杆口部抹平,或用楔形调节块调整,使千斤顶作用方向与锚杆方向一致

C. 锚杆抗拔力试验时,如无特殊需要,可不做破坏性试验,拉拔到极限拉力即停止加载

D. 锚杆抗拔力测试不应少于同类型锚杆总数的3%，并不得少于5根

(5)锚杆密实度实测脉冲波接收的重复多次反射信号振幅值很小，则初步判断该锚杆密实度为(　　)。

A. 密实　　B. 不密实　　C. 基本密实　　D. 有空洞

模拟试题二

说明:1. 本模拟试题设置单选题30道、判断题30道、多选题20道、综合题5道(含25道小题),总计150分;模拟自测时间为150分钟。

2. 本模拟试题仅供考生进行考前自测使用。

一、单项选择题(下列各题中,只有一个备选项最符合题意,请填写最符合题意的一个备选项,选错或不选不得分。每题1分。)

1. 不合格的分项工程在整改满足要求后,可以重新评定其质量等级,但计算分部工程评分值时按其复评分值的(　　)计算。

A. 85%　　B. 90%　　C. 95%　　D. 100%

2. 在混凝土抗弯拉强度试验中,计算结果精确至(　　)。

A. 10MPa　　B. 0.01MPa　　C. 0.1MPa　　D. 100MPa

3. 在钢绞线的应力松弛性能试验中,当初始负荷等于公称最大力的60%时,1000h后的应力松弛率应不大于(　　)。

A. 1.0%　　B. 2.5%　　C. 3.5%　　D. 4.5%

4. 混凝土试件养护中,将完好试件放入标准养护室进行养护,养护室温度和相对湿度分别为(　　)。

A. 20℃ ±5℃,90%以上　　B. 20℃ ±5℃,95%以上

C. 20℃ ±2℃,90%以上　　D. 20℃ ±2℃,95%以上

5. 在锚具的周期荷载试验中,将钢绞线、锚具与试验台组装时,最小初应力可取钢绞线抗拉强度标准值的(　　)。

A. 1%　　B. 2%　　C. 5%　　D. 15%

6. 常温型盆式橡胶活动支座的摩擦系数(加5201硅脂润滑后)应不大于(　　)。

A. 0.03　　B. 0.04　　C. 0.05　　D. 0.06

7. 高分子防水卷材抗拉强度试验时,试样的形状为(　　)。

A. 正方形　　B. 长方形

C. 哑铃形　　D. 菱形

8. 采用超声回弹综合法检测混凝土强度,需完成的测试内容包括(　　)。

A. 回弹值和碳化深度

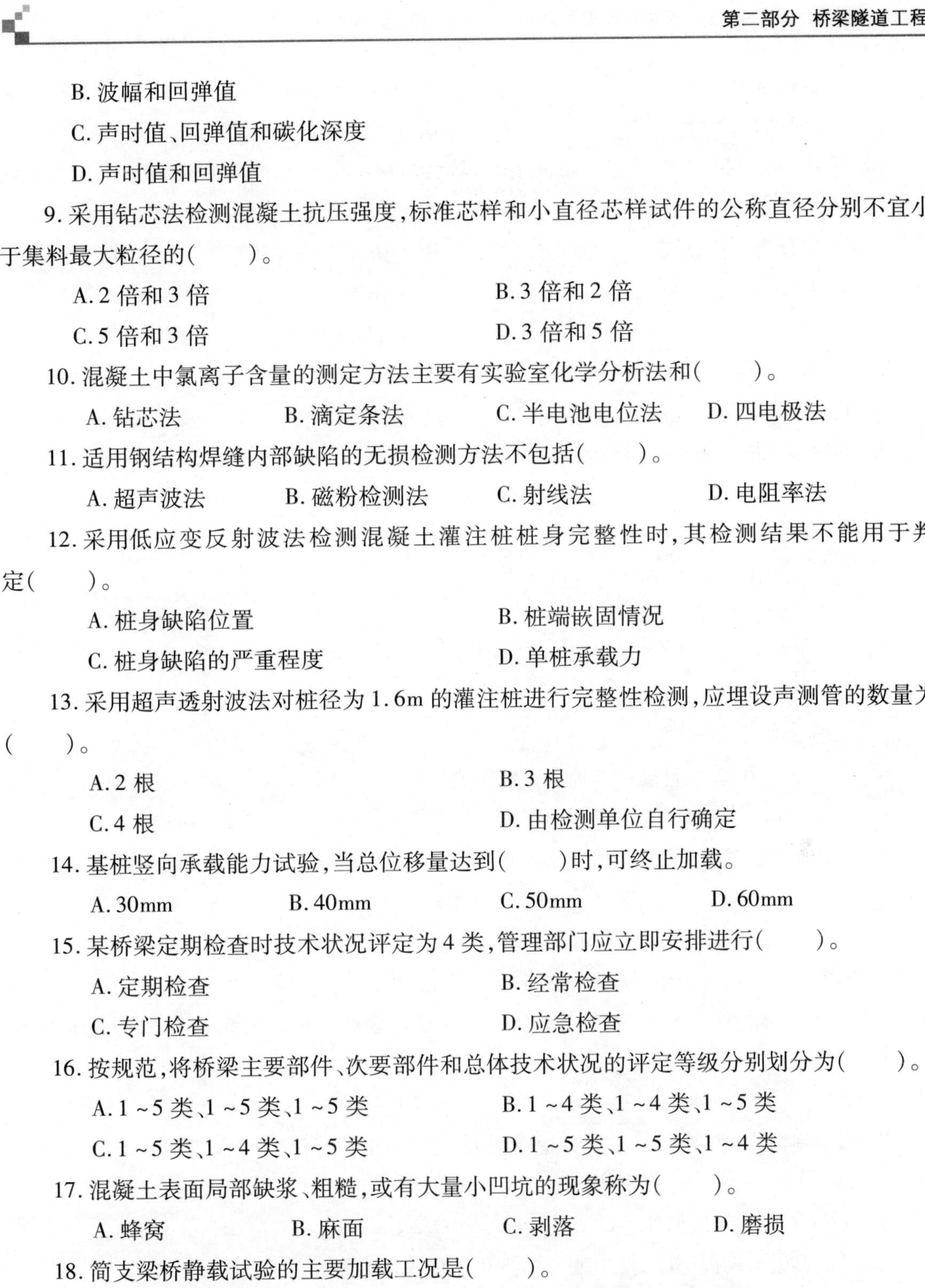

B. 波幅和回弹值

C. 声时值、回弹值和碳化深度

D. 声时值和回弹值

9. 采用钻芯法检测混凝土抗压强度，标准芯样和小直径芯样试件的公称直径分别不宜小于集料最大粒径的(　　)。

A. 2 倍和 3 倍　　B. 3 倍和 2 倍

C. 5 倍和 3 倍　　D. 3 倍和 5 倍

10. 混凝土中氯离子含量的测定方法主要有实验室化学分析法和(　　)。

A. 钻芯法　　B. 滴定条法　　C. 半电池电位法　　D. 四电极法

11. 适用钢结构焊缝内部缺陷的无损检测方法不包括(　　)。

A. 超声波法　　B. 磁粉检测法　　C. 射线法　　D. 电阻率法

12. 采用低应变反射波法检测混凝土灌注桩桩身完整性时，其检测结果不能用于判定(　　)。

A. 桩身缺陷位置　　B. 桩端嵌固情况

C. 桩身缺陷的严重程度　　D. 单桩承载力

13. 采用超声透射波法对桩径为 1.6m 的灌注桩进行完整性检测，应埋设声测管的数量为(　　)。

A. 2 根　　B. 3 根

C. 4 根　　D. 由检测单位自行确定

14. 基桩竖向承载能力试验，当总位移量达到(　　)时，可终止加载。

A. 30mm　　B. 40mm　　C. 50mm　　D. 60mm

15. 某桥梁定期检查时技术状况评定为 4 类，管理部门应立即安排进行(　　)。

A. 定期检查　　B. 经常检查

C. 专门检查　　D. 应急检查

16. 按规范，将桥梁主要部件、次要部件和总体技术状况的评定等级分别划分为(　　)。

A. 1 ~5 类、1 ~5 类、1 ~5 类　　B. 1 ~4 类、1 ~4 类、1 ~5 类

C. 1 ~5 类、1 ~4 类、1 ~5 类　　D. 1 ~5 类、1 ~5 类、1 ~4 类

17. 混凝土表面局部缺浆、粗糙，或有大量小凹坑的现象称为(　　)。

A. 蜂窝　　B. 麻面　　C. 剥落　　D. 磨损

18. 简支梁桥静载试验的主要加载工况是(　　)。

A. 支点截面最大负弯矩　　B. 跨中截面最大正弯矩

C. $L/4$ 截面最大正弯矩　　D. 跨中截面最大剪力

19. 以下哪种设备不能用于桥梁结构的应变测试(　　)。

A. 游标卡尺 B. 电阻应变计

C. 振弦式应变计 D. 千分表引伸计

20. 采用电阻应变仪进行应变测试时,以下哪种桥路组合方式不能消除温度变化对测试结果的影响( )。

A. 四分之一桥方式 B. 半桥温度公共补偿

C. 半桥温度互补偿 D. 全桥方式

21. 桥梁动载试验所测试的参数中,冲击系数可通过以下哪种试验工况测试得到( )。

A. 脉动工况 B. 跳车工况

C. 跑车(行车)工况 D. 制动工况

22. 对经过加固的桥梁进行承载能力检测评定时,荷载等级应选用( )。

A. 原设计荷载

B. 加固设计时采用的荷载

C. 按加固设计的荷载标准降低一级

D. 按原设计荷载提高一级

23. 对公路隧道进行竣(交)工验收时,隧道衬砌的实体抽查评价项目不包括( )。

A. 混凝土强度 B. 衬砌背后空洞

C. 衬砌厚度 D. 大面平整度

24. 隧道施工中,二次衬砌的断面测试间距通常取( )一个。

A. 5 ~ 10m B. 10 ~ 20m C. 20 ~ 30m D. 50m

25. 采用地质雷达探测深度为 1.0m 的隧道衬砌施工质量时,宜采用的雷达天线为( )。

A. 50MHz B. 100MHz C. 500MHz D. 900MHz

26. 隧道防水混凝土抗渗性试验,水压从 0.1MPa 开始,每隔 8h 增加水压 0.1MPa,并随时观察试件端面渗水情况,当 6 个试件中有( )个试件表面发现渗水,记下此时的水压力,即可停止试验。

A. 2 B. 3 C. 4 D. 5

27. 采用超前管棚进行隧道围岩稳定处治时,纵向两组管棚间水平搭接长度应不小于( )。

A. 1m B. 2m C. 2.5m D. 3m

28. 量测隧道衬砌内部应力(应变),应选用的传感器为( )。

A. 钢弦式压力盒 B. 钢弦式应变计

C. 电阻应变片 D. 地质雷达

29. 隧道地质调查包括隧道地表补充调查和( )两大方面。

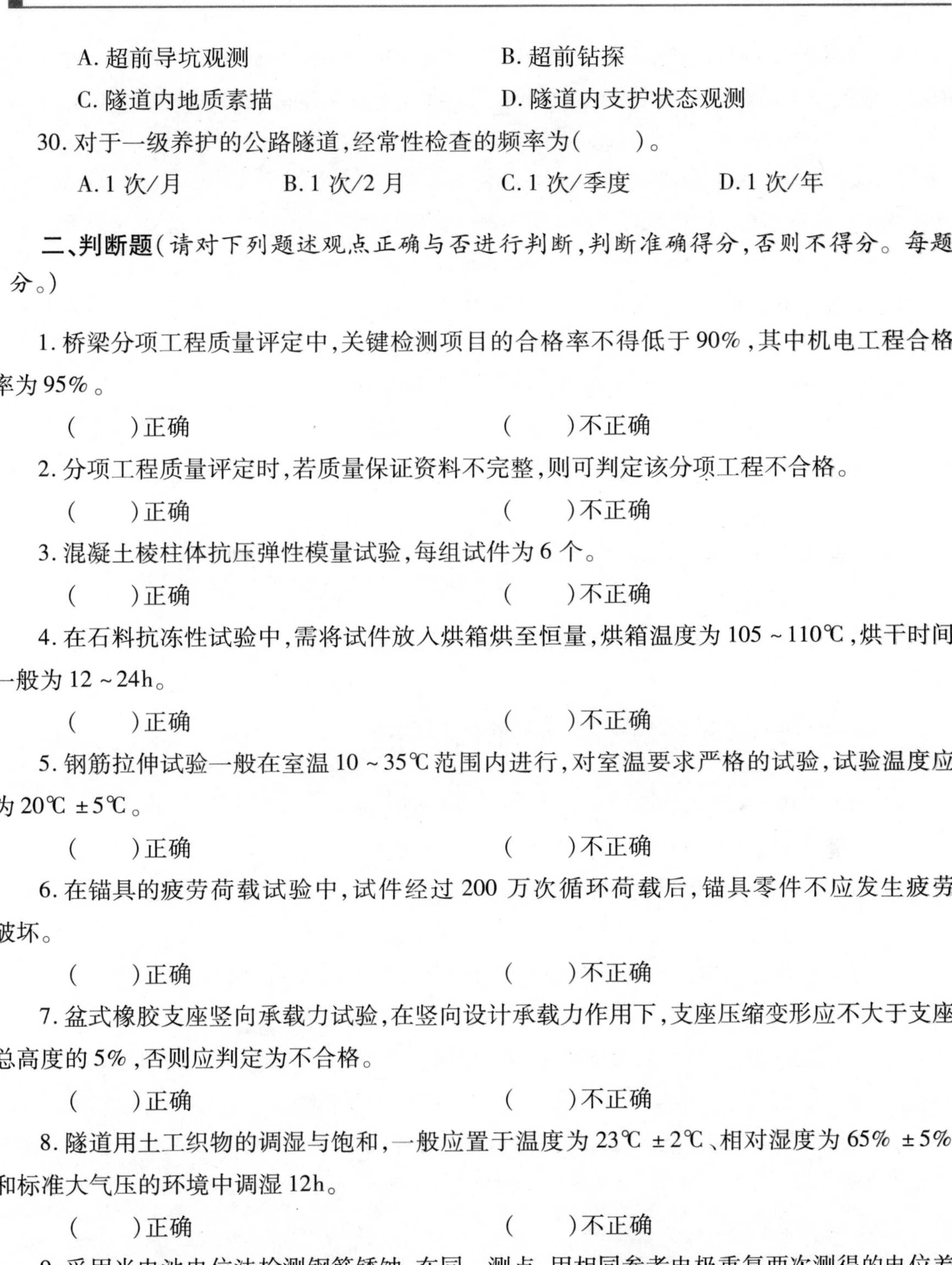

A. 超前导坑观测 B. 超前钻探

C. 隧道内地质素描 D. 隧道内支护状态观测

30. 对于一级养护的公路隧道,经常性检查的频率为(　　)。

A. 1 次/月 B. 1 次/2 月 C. 1 次/季度 D. 1 次/年

二、判断题(请对下列题述观点正确与否进行判断,判断准确得分,否则不得分。每题1分。)

1. 桥梁分项工程质量评定中,关键检测项目的合格率不得低于90%,其中机电工程合格率为95%。

(　　)正确 (　　)不正确

2. 分项工程质量评定时,若质量保证资料不完整,则可判定该分项工程不合格。

(　　)正确 (　　)不正确

3. 混凝土棱柱体抗压弹性模量试验,每组试件为6个。

(　　)正确 (　　)不正确

4. 在石料抗冻性试验中,需将试件放入烘箱烘至恒量,烘箱温度为105~110℃,烘干时间一般为12~24h。

(　　)正确 (　　)不正确

5. 钢筋拉伸试验一般在室温10~35℃范围内进行,对室温要求严格的试验,试验温度应为20℃±5℃。

(　　)正确 (　　)不正确

6. 在锚具的疲劳荷载试验中,试件经过200万次循环荷载后,锚具零件不应发生疲劳破坏。

(　　)正确 (　　)不正确

7. 盆式橡胶支座竖向承载力试验,在竖向设计承载力作用下,支座压缩变形应不大于支座总高度的5%,否则应判定为不合格。

(　　)正确 (　　)不正确

8. 隧道用土工织物的调湿与饱和,一般应置于温度为23℃±2℃、相对湿度为65%±5%和标准大气压的环境中调湿12h。

(　　)正确 (　　)不正确

9. 采用半电池电位法检测钢筋锈蚀,在同一测点,用相同参考电极重复两次测得的电位差值应小于10mV,否则数据无效。

(　　)正确 (　　)不正确

10. 采用钢筋探测仪进行混凝土构件内部钢筋保护层测试,实测钢筋的根数、位置与设计有较大偏差,应选取不少于30%的已测钢筋,且不少于6处采用钻孔、剔凿等方法验证。

( )正确　　　　( )不正确

11. 采用超声法检测混凝土表面裂缝深度,当裂缝的预估深度大于300mm时,必须采用钻孔法测试。

( )正确　　　　( )不正确

12. 混凝土中氯离子测定试验,可将同一测区取样孔中钻取的粉末收集在一个塑料袋内。

( )正确　　　　( )不正确

13. 检验钻孔灌注桩成孔时泥浆的黏度,可用含砂率计测定。

( )正确　　　　( )不正确

14. 对于软土地区桩长为50m的基桩,采用反射波法检测桩身完整性效果较好。

( )正确　　　　( )不正确

15. 可采用非金属超声波检测仪检测混凝土桩身的完整性。

( )正确　　　　( )不正确

16. 公路桥梁的定期检查必须接近各桥梁部件仔细检查其缺损情况。

( )正确　　　　( )不正确

17. 公路桥梁的特殊检查可由桥梁管理部门自行完成。

( )正确　　　　( )不正确

18. 对梁式桥进行技术状况评价时,对上部结构的评价应包括支座状况。

( )正确　　　　( )不正确

19. 桥梁静载试验采用加载车作为试验荷载,一般只需记录加载车过磅的总重数据。

( )正确　　　　( )不正确

20. 某40m跨径的简支梁桥动载试验,可采用磁电式测振传感器检测振动信号。

( )正确　　　　( )不正确

21. 普通钢筋混凝土梁桥静载试验,可将应变片布设在跨中截面下缘的混凝土表面上。

( )正确　　　　( )不正确

22. 桥梁荷载试验采用电测位移计测量桥梁的挠度,位移计必须牢固安装在与桥梁分离的不动参考点上。

( )正确　　　　( )不正确

23. 对桥梁进行承载能力检测评定,经过检算如果作用效应与抗力效应的比值大于1.2时,则可判定该桥的承载能力不满足要求。

( )正确　　　　( )不正确

24. 隧道的防水施工在喷锚支护之前进行。

(　　)正确　　　　　　　　　　　　　　(　　)不正确

25. 隧道拱墙衬砌混凝土浇筑时，基础、拱、墙不得一次浇筑，应先浇筑基础和矮边墙。

(　　)正确　　　　　　　　　　　　　　(　　)不正确

26. 隧道防排水设计应对地下水妥善处理，洞内外应形成一个完整畅通的防排水系统。

(　　)正确　　　　　　　　　　　　　　(　　)不正确

27. 隧道监控量测的必测项目一般只对特殊地段、危险地段或有代表性的地段进行量测。

(　　)正确　　　　　　　　　　　　　　(　　)不正确

28. 隧道超前地质预报中的地震波反射法主要用于地下水的探测预报。

(　　)正确　　　　　　　　　　　　　　(　　)不正确

29. 隧道照明检测可分为实验室检测和现场检测。

(　　)正确　　　　　　　　　　　　　　(　　)不正确

30. 对于隧道内渗漏水检测，应根据漏水是否具有腐蚀性以及渗漏水量大小、形态、位置、结冰状态，评判渗漏水对衬砌结构安全性及洞内行车安全的影响。

(　　)正确　　　　　　　　　　　　　　(　　)不正确

三、多项选择题(在下列各题的备选答案中，有两个或两个以上的备选项符合题意，请填写符合题意的备选项，选项部分正确按比例得分，出现错误选项该题不得分，完全正确的得满分。每题 2 分。)

1. 分项工程质量评定时，当出现以下(　　)情形时，判定该分项工程不合格。

A. 分项工程的得分低于 75 分　　　　B. 关键项目的合格率低于 90%

C. 质量保证资料不完整　　　　　　　D. 实测项目突破相关规定要求的极限值

2. 钢绞线的产品标记包括(　　)。

A. 结构代号　　B. 公称直径　　C. 强度级别　　D. 标准长度

E. 标准号

3. 下列属于金属波纹管力学性能试验检测项目的有(　　)。

A. 环刚度　　B. 径向刚度　　C. 抗冲击性能　　D. 抗渗漏性能

4. 下列属于板式橡胶支座力学性能试验检测项目的有(　　)。

A. 抗压弹性模量　　B. 抗剪弹性模量　　C. 水平承载力　　D. 转角

5. 采用钻芯法检测混凝土强度，当芯样试件尺寸偏差及外观质量出现以下(　　)等情况时，测试数据无效。

A. 芯样试件的实际高径比(H/d)为 0.96

B. 芯样试件某一处的实测直径与平均直径相差 3mm

C. 芯样试件端面与轴线的不垂直度为 1.5°

D. 芯样有1条宽度为0.1mm的竖向裂缝

6. 采用低应变反射波法检测混凝土灌注桩完整性,下列关于测振传感器布置和锤击位置的表述,正确的有(　　)。

A. 当桩径大于1000mm时,应布置2个测振传感器

B. 当桩径大于1000mm时,应布置4个测振传感器

C. 传感器安装在桩顶中心部位

D. 激振点位于桩顶中心部位

7. 桥梁工程中,钻孔灌注桩桩身完整性的检测方法包括(　　)。

A. 低应变反射波法　　B. 高应变反射波法

C. 声波透射法　　D. 钻芯取样法

8. 采用单向多循环加载试验方法对某桥梁的单桩进行静推试验,加载终止的条件包括(　　)。

A. 对于软土地基,桩顶的水平位移超过40mm

B. 对于非软土地基,桩顶水平位移超过20～30mm

C. 桩身已断裂

D. 桩侧地表有明显的裂纹或隆起

9. 按照公路桥梁养护规范规定,桥梁检查分为(　　)。

A. 经常检查　　B. 定期检查　　C. 特殊检查　　D. 不定期检查

10. 当桥梁出现下列情况时应进行特殊检查(　　)。

A. 桥梁技术状况为4、5类

B. 桥梁技术状况为3、4类

C. 超重车辆通过

D. 拟通过加固提高桥梁的荷载等级

11. 桥梁静载试验过程中,对应变、挠度的测试需要记录的数据包括(　　)等。

A. 加载前初始值　　B. 分级加载过程测值

C. 加载至控制荷载后的测值　　D. 卸载后测值

12. 全预应力桥梁静载试验,下列关于采用应变片电测结构应变的相关操作,表述正确的有(　　)。

A. 选用标距为80mm的应变片　　B. 应变片应布置在混凝土表面上

C. 进行恰当的温度补偿　　D. 应变片应布置在构造钢筋上

13. 桥梁结构动力(自振)特性测定试验,对结构的激振方式包括(　　)。

A. 冲击回波法　　B. 自由振动衰减法

C. 强迫振动法(共振法)　　D. 环境随机振动法

14. 桥梁结构实际承载能力的评定方法包括(　　)。

A. 依据桥梁设计图纸进行的承载力验算

B. 桥梁定期检查

C. 在技术状况检测的基础上进行承载力检算

D. 桥梁荷载试验

15. 关于激光断面仪测量隧道断面的相关表述,正确的有(　　)。

A. 采用极坐标测量法　　B. 需反射棱镜作为协助目标

C. 能获取隧道断面轮廓线　　D. 能自动完成测量

16. 采用地质雷达检测混凝土衬砌质量时,操作正确的有(　　)。

A. 必须保持天线与被测衬砌表面密贴

B. 天线应移动平衡、速度均匀,移动速度宜为 3 ~ 5km/h

C. 当分段测量时,相邻测量段接头重复长度不应小于 0.5m

D. 应边检测、边注意浏览实时回波图像,对有较大可疑的反射异常应记录和复查

17. 根据岩层及地质条件不同,选择不同的辅助工程进行涌水处理措施,井点降水法适用于(　　)。

A. 均质砂土

B. 亚黏土地段

C. 浅埋地段

D. 地下水丰富且排水时夹带泥沙引起开挖面失稳

18. 关于采用杆式多点位移计量测洞内围岩内部位移,下列表述正确的有(　　)。

A. 每代表性地段布置 1 ~ 2 个检测断面

B. 双车道隧道每断面布置 3 ~ 5 个测孔

C. 位移计可用药包锚固剂锚固

D. 每次测量,每个测点连续测量 3 次

19. 为提高隧道内行车的安全性和舒适性,需对隧道内通风状况进行检测,检测的主要内容包括(　　)。

A. CO 浓度检测　　B. 风速检测

C. 烟雾浓度检测　　D. 风压检测

20. 隧道净空断面变形的检测内容包括(　　)。

A. 高程检测

B. 隧道断面检测

C. 隧道衬砌结构裂缝发展监测

D. 路面和电缆沟沉降(陷)检测等

四、综合题(按所给问题的背景资料,正确分析并回答问题。每大题有5小题,每小题有四个备选项,请从中选出一个或一个以上正确答案,选项全部正确得分,出现漏选或错误选项均不得分。每小题2分。)

1. 采用浅层平板荷载试验对一座正在施工的高速公路桥梁进行地基承载力和变形模量检测。已知地基土为软土,泊松比为0.33,试验检测人员根据现场实测数据绘制了荷载-沉降关系曲线(*P-S* 曲线,见下图)。请回答以下问题。

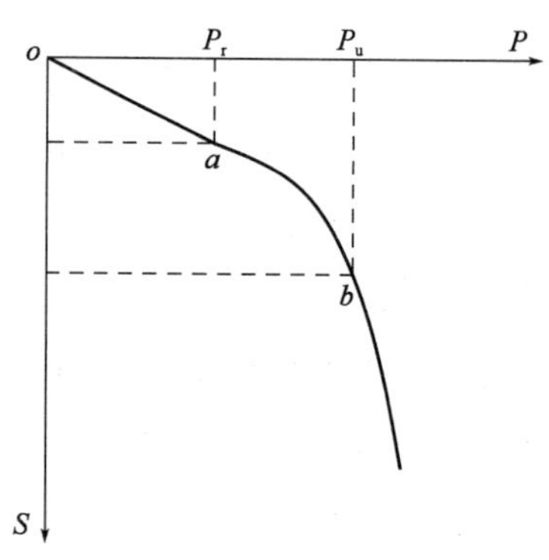

实测荷载-沉降关系曲线图

(1)对该工程地基进行平板荷载试验时,荷载板的面积可选(　　)。

A. 900cm^2　　B. 2500cm^2　　C. 5000cm^2　　D. 6400cm^2

(2)现场试验时选用的荷载板尺寸为50cm×50cm的,现场实测结果计算得 *oa* 段的斜率为0.20,则该地基土的变形模量为(　　)。

A. 0.04kPa　　B. 0.4kPa　　C. 40.0kPa　　D. 400.0kPa

(3)实测荷载-沉降关系曲线中,*ab* 段代表(　　)。

A. 压密阶段　　B. 剪切阶段　　C. 变形阶段　　D. 破坏阶段

(4)利用现场绘制的 *P-S* 曲线不仅可以计算地基土的变形模量,还可以得到(　　)。

A. 地基土的承载力基本容许值

B. 地基土的最大承载力

C. 地基土的容许承载力

D. 地基土的抗剪强度

(5)关于试验操作和注意事项的相关表述,正确的有(　　)。

A. 试验基坑的宽度应介于承压板直径或边长的2~3倍之间

B. 试验应采用分级加载,荷载分级不应少于8级,第一级荷载包括设备重力

C. 承压板的沉降值可采用精度为0.01mm的电测位移计进行测量

D. 当某一级荷载的沉降量大于前一级荷载沉降量的5倍时,应终止加载

2. 某在用的 3 孔 30m 预应力混凝土简支 T 形梁桥，每跨有 7 片 T 梁，均采用预制、吊装施工，经调查所有 T 梁的生产工艺、强度等级、原材料、配合比、养护工艺均相同，龄期相近。在一次特殊检查时，对 T 梁混凝土强度进行了无损检测，请回答以下相关问题。

(1)采用回弹法检测混凝土强度，下列关于回弹仪率定的表述，错误的是(　　)。

A. 回弹仪每使用半年，应在标准钢砧上进行率定，结果合格后方可继续使用

B. 在标准钢砧上，回弹仪的率定平均值应为 80 ±2

C. 钢砧为硬度恒定的标准物质，平时妥善保管即可，无需送检

D. 率定时，回弹仪的弹击方向应尽量与待检混凝土测区的弹击方向一致

(2)关于上部构件 T 梁的回弹抽检数量，下列表述正确的是(　　)。

A. 必须对全部 T 梁进行回弹测强

B. 因该桥 T 梁数量较多，根据规范抽检数量可适当减少，但不得少于 5 个

C. 对该桥，回弹测强的抽检 T 梁数量应不少于 10 个

D. 应按照单个构件检测的方式，每跨选取 3 片受力最不利的 T 梁进行回弹测强

(3)关于回弹测区的数量和部位，下列表述错误的是(　　)。

A. 测区面积不宜大于 $0.04m^2$

B. 每片 T 梁上的回弹测区数量不应少于 10 个

C. 因 T 梁下缘受力较大，回弹测区应优先选在 T 梁的底面

D. 测区混凝土表面有较多蜂窝、麻面，回弹前应用高强度等级砂浆修补

(4)关于碳化深度测试，以下表述正确的是(　　)。

A. 碳化深度测点数不应少于抽检构件数量的 30%

B. 开凿测试孔后应先用清水将粉尘清洗干净，再涂抹酚酞酒精试剂测量碳化深度

C. 当某个测区碳化深度的极差大于 2mm 时，应对该构件的每个回弹测区分别测量碳化深度

D. 已碳化与未碳化混凝土交界面到混凝土表面的垂直距离即为碳化深度

(5)关于回弹值的修正，以下表述正确的是(　　)。

A. 如测区选在 T 梁的梁底，回弹仪向上弹击时的回弹修正值为正值

B. 如测区选在 T 梁的梁底，考虑浇筑面影响的回弹修正值为负值

C. 如测区选在 T 梁腹板且回弹仪水平弹击时，不需要修正回弹值

D. 混凝土表面碳化使得表面硬度增大，因此需要根据碳化深度对测区回弹值进行修正

3. 某全预应力桥梁静载试验，采用电阻应变片和静态应变仪检测结构应变。试完成下述相关试验操作。

(1)适合本桥应变测试的应变片标距有(　　)。

A. 10mm　　B. 20mm　　C. 80mm　　D. 100mm

(2)关于应变测试的相关操作,正确的有(　　)。

A. 打磨贴片部位的混凝土表面后,应用水清洗

B. 应变片的绝缘电阻应满足要求

C. 同一测试截面的应变片可用公用补偿组桥方式接入应变仪

D. 温度补偿片可粘贴在自备的钢筋上

(3)关于应变仪的操作和调试,以下表述正确的有(　　)。

A. 实桥应变测试一般采用 1/4 组桥方式

B. 调零结果的数据越接近零且越稳定,测试效果越好

C. 应变仪的采集速度不得小于 100 点/s

D. 应变仪的灵敏系数设定值应与应变片灵敏系数标称值相同,否则应加以修正

(4)试验过程中,出现以下(　　)情况时应暂停试验,待查明原因,再确定是否继续试验。

A. 试验加载期间,个别挠度测点的相对残余值达到 15%

B. 测试截面附近发现多条新增横向裂缝,裂缝最大宽度为 0.12mm

C. 关键测点的计算应变值为 $120\mu\varepsilon$,而实测应变值为 $145\mu\varepsilon$

D. 大多数应变测点卸载后的测值与加载前的初值很接近

(5)当应变数据出现不稳定,波动和漂移较大时,应从以下(　　)等方面检查原因。

A. 贴片质量不佳,可能存在应变片受潮、绝缘电阻偏低等现象

B. 应变片虚焊、应变仪与应变片连接不可靠

C. 测试前未进行平衡清零操作

D. 地脉动造成的桥梁振动过大

4. 喷射混凝土支护是锚喷衬砌支护的重要形式,喷射混凝土质量检测对保证隧道衬砌安全至关重要。请回答以下问题。

(1)从喷射混凝土施工技术和施工管理方面分析,影响喷射混凝土厚度的因素主要有(　　)。

A. 水灰比　　B. 爆破效果　　C. 回弹率　　D. 喷射参数

(2)喷射混凝土抗压强度试验检查试件的制作方法包括(　　)。

A. 喷大板切割法　　B. 凿方切割法　　C. 喷模法　　D. 拔出法

(3)喷射混凝土厚度可用凿孔法进行检查,检查时间宜在混凝土喷后(　　)以内,用电钻、风钻钻孔检查,发现厚度不够时可及时补喷。

A. 8h　　B. 12h　　C. 24h　　D. 48h

(4)关于喷射混凝土与围岩的黏结强度,下列表述正确的是(　　)。

A. Ⅰ、Ⅱ级围岩不应低于 1.0MPa,Ⅲ级围岩不应低于 0.8MPa

B. Ⅰ、Ⅱ级围岩不应低于1.0MPa，Ⅲ级围岩不应低于0.5MPa

C. Ⅰ、Ⅱ级围岩不应低于0.8MPa，Ⅲ级围岩不应低于0.5MPa

D. 围岩低于0.5MPa的软岩、破碎围岩、土石围岩、黄土围岩等，不做黏结强度检测

(5)喷射混凝土施工过程中，回弹率应予以控制，边墙处不应大于(　　)。

A. 15%　　B. 20%　　C. 25%　　D. 30%

5. 对某高速公路隧道的施工环境进行检测，已知待检隧道长度为1800m，在施工期间检测单位对隧道内的总粉尘浓度、瓦斯浓度、一氧化碳浓度、硫化氢浓度等多项有害气体浓度进行了检测。请回答以下问题。

(1)进行隧道内总粉尘浓度检测时，关于滤膜安装方法的表述，正确的有(　　)。

A. 滤膜毛面应朝出气方向，不能有裂隙或褶皱

B. 滤膜毛面应朝进气方向，不能有裂隙或褶皱

C. 滤膜毛面应朝出气方向，可以有轻微裂隙或褶皱

D. 滤膜毛面应朝进气方向，可以有轻微裂隙或褶皱

(2)当对该隧道内总粉尘浓度进行检测时，某一滤膜在采样前的质量为$m_1=4500$mg，采样后的质量为$m_2=4800$mg，流量计的读数$Q=1.2\text{m}^3/\text{min}$，采样时间$T=5$min，则空气中总粉尘浓度为(　　)。

A. 40mg/m^3　　B. 50mg/m^3　　C. 60mg/m^3　　D. 65mg/m^3

(3)进行隧道内的瓦斯浓度检测时，关于测点布置原则的表述，正确的有(　　)。

A. 应布置在瓦斯可能产生积聚的地点

B. 应布置在可能产生火源的地点

C. 应布置在瓦斯可能渗出的地点

D. 应布置在水平钻孔作业附近

(4)若要对该隧道内的一氧化碳浓度进行检测，可选用的设备有(　　)。

A. 检知管　　B. AT2型一氧化碳测量仪

C. 催化型一氧化碳测量仪　　D. 光干涉一氧化碳测量仪

(5)使用固定式硫化氢检测仪检测该隧道内的硫化氢浓度时，检测仪的探头可安装在离现场硫化氢气体易泄漏或聚集地点的(　　)处。

A. 0.5m　　B. 0.9m　　C. 1.4m　　D. 1.8m

模拟试题三

说明:1. 本模拟试题设置单选题30道、判断题30道、多选题20道、综合题5道(含25道小题),总计150分;模拟自测时间为150分钟。

2. 本模拟试题仅供考生进行考前自测使用。

一、单项选择题(下列各题中,只有一个备选项最符合题意,请填写最符合题意的一个备选项,选错或不选不得分。每题1分。)

1. 桥梁工程质量评定中,防护工程被划归为(　　)工程。

A. 单元　　B. 分项　　C. 分部　　D. 建设

2. 在混凝土试件成型方法中,对于坍落度为20mm的混凝土,宜选用(　　)。

A. 插入式振捣棒捣实　　B. 标准振动台振实

C. 振捣棒人工捣实　　D. 以上方式均可

3. 混凝土抗弯拉强度试验,当断裂面发生在两个加荷点之间时,试验结果测得3个试件的抗弯拉强度分别为5.80MPa、6.50MPa、6.60MPa,则该混凝土的抗弯拉强度为(　　)。

A. 6.50MPa　　B. 6.30MPa　　C. 5.80MPa　　D. 6.55MPa

4. 混凝土棱柱体抗压弹性模量试验中,混凝土的受压弹性模量取轴心抗压强度(　　)时对应的弹性模量。

A. 1/2　　B. 1/3　　C. 2/3　　D. 1/4

5. 锚具疲劳荷载性能试验,锚具零件未发生疲劳破坏,钢绞线因锚具夹持作用发生疲劳破坏的截面面积不应大于原试样总截面面积的(　　)。

A. 2%　　B. 3%　　C. 4%　　D. 5%

6. 桥梁支座试验前对支座的停放与试验条件进行了规定,下列关于支座停放温度和时间正确的是(　　)。

A. 温度23℃ ±5℃,时间24h　　B. 温度23℃ ±5℃,时间48h

C. 温度70℃ ±2℃,时间24h　　D. 温度70℃ ±2℃,时间48h

7. 隧道用土工织物拉伸强度试验,预张拉力应取最大负荷的(　　)。

A. 1%　　B. 2%　　C. 5%　　D. 10%

8. 回弹法检测某构件的混凝土强度,当回弹仪非水平方向弹击且测试面非混凝土的浇筑侧面时,在计算出测区回弹平均值后,应按(　　)的方法修正回弹值。

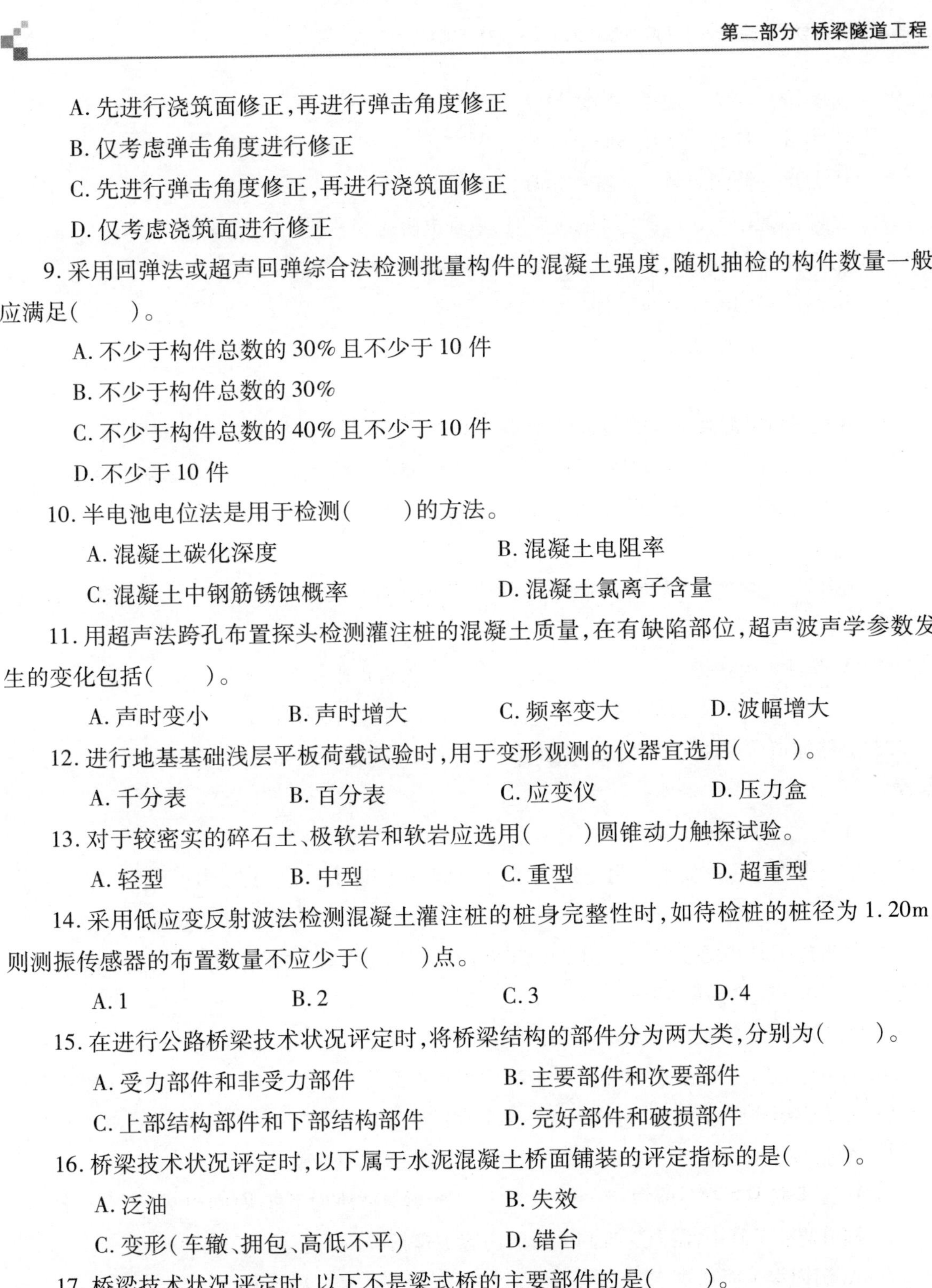

A. 先进行浇筑面修正，再进行弹击角度修正

B. 仅考虑弹击角度进行修正

C. 先进行弹击角度修正，再进行浇筑面修正

D. 仅考虑浇筑面进行修正

9. 采用回弹法或超声回弹综合法检测批量构件的混凝土强度，随机抽检的构件数量一般应满足(　　)。

A. 不少于构件总数的 30% 且不少于 10 件

B. 不少于构件总数的 30%

C. 不少于构件总数的 40% 且不少于 10 件

D. 不少于 10 件

10. 半电池电位法是用于检测(　　)的方法。

A. 混凝土碳化深度　　B. 混凝土电阻率

C. 混凝土中钢筋锈蚀概率　　D. 混凝土氯离子含量

11. 用超声法跨孔布置探头检测灌注桩的混凝土质量，在有缺陷部位，超声波声学参数发生的变化包括(　　)。

A. 声时变小　　B. 声时增大　　C. 频率变大　　D. 波幅增大

12. 进行地基基础浅层平板荷载试验时，用于变形观测的仪器宜选用(　　)。

A. 千分表　　B. 百分表　　C. 应变仪　　D. 压力盒

13. 对于较密实的碎石土、极软岩和软岩应选用(　　)圆锥动力触探试验。

A. 轻型　　B. 中型　　C. 重型　　D. 超重型

14. 采用低应变反射波法检测混凝土灌注桩的桩身完整性时，如待检桩的桩径为 1.20m，则测振传感器的布置数量不应少于(　　)点。

A. 1　　B. 2　　C. 3　　D. 4

15. 在进行公路桥梁技术状况评定时，将桥梁结构的部件分为两大类，分别为(　　)。

A. 受力部件和非受力部件　　B. 主要部件和次要部件

C. 上部结构部件和下部结构部件　　D. 完好部件和破损部件

16. 桥梁技术状况评定时，以下属于水泥混凝土桥面铺装的评定指标的是(　　)。

A. 泛油　　B. 失效

C. 变形(车辙、拥包、高低不平)　　D. 错台

17. 桥梁技术状况评定时，以下不是梁式桥的主要部件的是(　　)。

A. 基础　　B. 桥墩　　C. 上部承重构件　　D. 横隔板

18. 桥梁荷载试验采用电阻应变片测量应变，布设应变片主要操作步骤及顺序是(　　)。

A. 打磨→贴片→清洗→防潮封装

B. 打磨→清洗→贴片→防潮封装

C. 清洗→打磨→贴片→防潮封装

D. 打磨→防潮封装→清洗→贴片

19. 检测混凝土简支T梁下缘的应变时,单轴电阻应变片的粘贴方向为(　　)。

A. 与T梁的轴线方向垂直

B. 与T梁的轴线方向平行

C. 与T梁的轴线方向呈45°

D. 任意方向均可

20. 在选用桥梁静载试验的测试仪器时,下列指标中(　　)是不需要考虑的因素。

A. 灵敏度　　B. 稳定性　　C. 量程　　D. 动态响应速度

21. 对某简支梁进行振型测试,至少需要(　　)个测振传感器。

A. 1　　B. 2　　C. 3　　D. 4

22. 在用公路桥梁的承载能力检测评定,应按承载能力极限状态和(　　)两类极限状态进行检算评定。

A. 弹性极限状态　　B. 失稳极限状态

C. 容许应力极限状态　　D. 正常使用极限状态

23. 公路隧道质量评定的实体抽查评价中,特长隧道的宽度、净空抽查不得少于(　　)个点数。

A. 5　　B. 10　　C. 20　　D. 30

24. 隧道开挖质量主要是控制超欠挖,对于拱脚、墙脚以上(　　)范围内严禁欠挖。

A. 0.5m　　B. 1.0m　　C. 1.5m　　D. 2.0m

25. 隧道施工时,喷射混凝土应由两侧拱脚向上对称喷射,并将钢架覆盖,钢架与围岩之间的混凝土保护层厚度不应小于(　　)。

A. 10mm　　B. 20mm　　C. 40mm　　D. 50mm

26. 隧道施工防水处理时,根据止水带材质和止水部位可采用不同的接头方法,对于橡胶止水带,其接头形式应采用(　　)。

A. 搭接或对接　　B. 搭接或复合接

C. 复合接或对接　　D. 以上方法均不能采用

27. 隧道监控量测中,洞内外观测项目的内容不包括(　　)。

A. 洞内掌子面观测　　B. 洞外地表变形观测

C. 锚杆轴力观测　　D. 已施工区域支护状态观测

28. 根据地质状况的不同,地震波反射法的预报距离为100~150m,前后两次预报的重叠距离不宜小于(　　)。

A. 5m B. 8m C. 10m D. 20m

29. 特殊情况下,施工人员必须进入一氧化碳浓度达到 100mg/m^3 的隧道工作面时,其工作时间不得超过(　　)。

A. 20min B. 30min C. 40min D. 60min

30. 公路隧道土建结构技术状况评定中,以下哪个分项的权重最大(　　)。

A. 洞口 B. 路面 C. 洞门 D. 衬砌

二、判断题(请对下列题述观点正确与否进行判断,判断准确得分,否则不得分。每题 1 分。)

1. 桥梁工程质量评定中,分项工程的评分值为分项工程实测得分扣除外观缺陷减分及资料不全减分后的得分值。

(　　)正确 (　　)不正确

2. 石料冻融试验后无明显损伤,冻融后的质量损失率不大于 2%,强度不低于试验前的 0.75 倍,表明石料抗冻性好。

(　　)正确 (　　)不正确

3. 在钢绞线的应力松弛性能中,当初始负荷相当于公称最大力的 70% 时,1000h 后的应力松弛率应不大于 2.0%。

(　　)正确 (　　)不正确

4. 采用人工插捣制作混凝土试件,在插捣底层混凝土时,捣棒应达到试模底部。

(　　)正确 (　　)不正确

5. 对锚具的硬度检验,如有一个零件不合格,则应另取双倍数量的零件重做试验。

(　　)正确 (　　)不正确

6. 在板式橡胶支座抗剪老化试验中,要求施加竖向荷载将压应力连续增至平均压应力为 5MPa,并在整个抗剪老化试验过程中保持不变。

(　　)正确 (　　)不正确

7. 隧道防水卷材低温弯折性能试验,试件都符合标准规定,则判该项合格;若有一个试件不符合标准规定,则需加倍抽取样本,全部合格后才能判断合格。

(　　)正确 (　　)不正确

8. 采用回弹法测试混凝土强度,回弹值测量完毕后,应在有代表性的测区测量碳化深度,测点数不应少于构件测区数的 20%。

(　　)正确 (　　)不正确

9. 合金钢材料焊接完成后 5d 内必须完成焊接质量检查。

(　　)正确 (　　)不正确

10. 在检测混凝土内钢筋锈蚀状况时,电位差的绝对值越大,表明钢筋锈蚀的可能性越小。

( )正确　　( )不正确

11. 采用超声法检测灌注桩的混凝土质量,在对同一根桩的检测过程中,声波发射电压应保持不变。

( )正确　　( )不正确

12. 地基承载力基本容许值应首先考虑由荷载试验或其他原位测试取得,其值不应大于地基极限承载力的1/3。

( )正确　　( )不正确

13. 采用反射波法检测混凝土灌注桩桩身完整性时,若桩底存在沉渣,则桩底反射波与入射波同相位,其幅值大小与沉渣的厚度呈正相关。

( )正确　　( )不正确

14. 采用慢速维持荷载法对某桥梁工程的基桩进行竖向静载试验,若该试验为施工过程中的检验性试验,其加载量一般应加到设计荷载的2倍为止。

( )正确　　( )不正确

15. 在经常检查中,发现某公路桥梁重要构件的缺损达到三类状况,应立即安排一次定期检查。

( )正确　　( )不正确

16. 对公路桥梁进行技术状况评价时,翼墙、耳墙应作为调制构造物中的构件。

( )正确　　( )不正确

17. 经检查发现某悬索桥主缆和多根吊索出现严重锈蚀、断丝,则应直接判定该桥为5类桥。

( )正确　　( )不正确

18. 普通钢筋混凝土梁桥静载试验,可将应变片布设在跨中截面下缘的混凝土表面,并根据实测应变评定结构强度。

( )正确　　( )不正确

19. 某桥梁跨越河流,在测试截面搭设了稳固的挂篮作为荷载试验的检测工作平台,可将电测位移计固定安装在挂篮上进行挠度测试。

( )正确　　( )不正确

20. 某预制T梁在预制场进行裸梁静载试验,采用堆载方式加载,需人工施加荷载400kN,预计加载时间为3~4h,为节约测试时间,可以安排工人提前先将重物堆放到T梁指定加载位置,再通知检测人员到场测试加载时的应变、挠度和裂缝等数据。

( )正确　　( )不正确

21. 中小跨径桥梁静载试验,全站仪的挠度测试精度高于电子水准仪。

( )正确 ( )不正确

22. 对桥梁进行承载能力检测评定，经检算如果作用效应小于抗力效应，则可判定该桥的承载能力满足要求。

( )正确 ( )不正确

23. 公路隧道一般按照围岩类别和衬砌类型每 100m 作为一个分项工程进行质量评定。

( )正确 ( )不正确

24. 隧道激光断面仪应尽量布置在隧道轴线上进行隧道断面测量。

( )正确 ( )不正确

25. 隧道检测项目中，锚杆抗拔力是锚杆材料、加工及锚固质量的综合反映，因此，锚杆抗拔力试验可以完全反映锚杆的安装质量。

( )正确 ( )不正确

26. 隧道施工时，超前锚杆充填砂浆多为早强砂浆，强度等级不应低于 M10。

( )正确 ( )不正确

27. 隧道监控量测的选测项目是通过对围岩及支护结构的受力、内力、应变以及围岩内部位移等进行监测，以把握围岩的稳定性和支护效果，是必测项目的扩展和补充。

( )正确 ( )不正确

28. 对隧道内煤层瓦斯的预报，应采用地质调查法为基础、以红外探测法为主进行综合超前预报。

( )正确 ( )不正确

29. 隧道粉尘浓度进行检测，目前普遍采用滤膜测尘法，该方法属于密度法测定粉尘浓度。

( )正确 ( )不正确

30. 当隧道内路面发生严重隆起，路面板严重错台、断裂，严重影响交通安全时，应判定隧道总体技术状况为 5 类。

( )正确 ( )不正确

三、多项选择题（在下列各题的备选答案中，有两个或两个以上的备选项符合题意，请填写符合题意的备选项，选项部分正确按比例得分，出现错误选项该题不得分，完全正确的得满分。每题 2 分。）

1. 桥梁工程建设中，以下属于分部工程的是（ ）。

A. 基础及下部结构 B. 上部结构预制与安装

C. 栏杆和人行道 D. 桥面铺装

2. 钢材的主要力学性能包括（ ）。

A. 屈服强度 B. 最大力总伸长率

C. 弯曲性能　　D. 断后伸长率

3. 桥梁橡胶伸缩装置试验检测的项目包括(　　)。

A. 拉伸、压缩试验　　B. 水平摩阻力试验

C. 垂直变形试验　　D. 变位均匀性试验

4. 隧道高分子防水卷材性能检测,试样截取前应对防水卷材在标准环境下进行状态调整,下列表述正确的有(　　)。

A. 环境温度应保持在23℃ ±2℃

B. 环境温度应保持在20℃ ±2℃

C. 相对湿度应保持在60% ±15%

D. 调整的时间不少于12h

5. 采用钢筋探测仪检测混凝土内部的钢筋直径和保护层厚度,下列操作正确的有(　　)。

A. 检测前,应将探头放置于金属标准块上调零

B. 检测前,探测区域的混凝土表面应涂抹耦合剂

C. 探测钢筋直径时,每根钢筋重复检测2次,第二次检测时探头应旋转180°

D. 探测钢筋保护层厚度时,在被测钢筋的同一位置应重复读取2次数据,且相差不能超过1mm,否则数据无效

6. 关于回弹仪的检定,下列表述正确的有(　　)。

A. 出厂检验合格的新购回弹仪可不用检定

B. 回弹仪的检定周期为半年

C. 经保养后,回弹仪在钢砧上的率定值不满足要求时应送检,合格后才能使用

D. 回弹仪率定所使用的钢砧不做检定要求,但应在适宜的环境保存

7. 碎石土的密实度可根据重型动力触探锤击数判定为(　　)等几类。

A. 松散　　B. 稍密　　C. 中密　　D. 密实

8. 采用超声透射波法检测混凝土灌注桩桩身完整性时,下列对于声测管埋设要求的表述,正确的有(　　)。

A. 声测管应选择透声性好、便于安装和费用较低的材料

B. 声测管应选用变形能力较大的橡胶软管

C. 声测管的管口应高于桩顶100 ~300mm

D. 当同一桩内埋设多根声测管时,应相互平行

9. 当桥梁总体技术状况评定为3类时,应采取的养护措施为(　　)。

A. 小修　　B. 中修

C. 酌情交通管制　　D. 严重时关闭交通

10. 按照桥梁技术状况评定标准，圬工拱桥主拱圈的检查指标包括( )。

A. 砌块断裂、脱落
B. 侧墙与主拱圈脱裂
C. 风化
D. 渗水

11. 桥梁动载试验的测试内容包括( )。

A. 材料力学性能
B. 动力响应
C. 荷载效率
D. 动力(自振)特性

12. 桥梁荷载试验按阶段可划分为( )。

A. 试验准备
B. 现场实施
C. 结构分析计算
D. 试验结果分析

13. 对某桥梁进行振型测试，以下操作方法中错误的是( )。

A. 固定参考点应放置于桥外固定不动的部位
B. 当振型测点较多，传感器数量不足时，可分批次测试
C. 当桥跨较长，传感器导线长度不足时，可移动参考点位置
D. 振型测定主要关注各测点的振幅，而无需分析其相位

14. 桥梁结构承载能力的评定方法包括( )。

A. 根据桥梁设计图纸进行承载力验算
B. 桥梁定期检查
C. 在技术状况检测的基础上进行承载力检算
D. 桥梁荷载试验

15. 隧道开挖断面测量的方法包括( )等。

A. 内模为参照直接测量法
B. 极坐标法
C. 拍照图像识别法
D. 投影机法

16. 隧道施工时，喷射混凝土厚度是发挥喷射混凝土支护作用的重要保障，规范规定喷射混凝土厚度须满足( )。

A. 检查点平均厚度≥设计厚度
B. 数量95%的检查点厚度≥设计厚度
C. 检查点最小厚度≥设计厚度的50%，且≥50mm
D. 检查点最小厚度≥设计厚度的75%，且≥50mm

17. 隧道排水系统组成包括( )。

A. 环向排水管
B. 防水板
C. 横向导水管
D. 深埋水沟

18. 隧道围岩注浆材料的主要性能指标有( )。

A. 黏度
B. 渗透能力

C. 渗透系数　　D. 抗压强度

19. 隧道监控量测的必测项目包括(　　)等。

A. 洞内外观测　　B. 拱顶下沉

C. 洞内围岩内部位移　　D. 周边收敛

20. 对隧道内漏水状态和漏水流量检查时,根据漏水压力、流量等因素,将漏水状态分为(　　)。

A. 喷射　　B. 涌流　　C. 滴漏　　D. 湿润

四、综合题(按所给问题的背景资料,正确分析并回答问题。每大题有5小题,每小题有四个备选项,请从中选出一个或一个以上正确答案,选项全部正确得分,出现漏选或错误选项均不得分。每小题2分。)

1. 采用超声透射波法检测某桥梁工程基础桩身的完整性,已知待检桩为混凝土灌注桩,直径为1.6m,桩长30.0m,请回答下列问题。

(1)关于试验前准备工作的相关表述,正确的有(　　)。

A. 疏通声测管,用清水灌满声测管

B. 在桩顶测量相应声测管外壁间净距

C. 采用标定法确定仪器系统延迟时间

D. 必须待混凝土强度达到设计强度后,方可进场检测

(2)应选用的检测设备包括(　　)。

A. 基桩动测仪　　B. 超声波孔壁测试仪

C. 非金属超声波检测仪　　D. 径向振动换能器

(3)现场测试时,可根据超声波波速对混凝土强度进行评价,若实测声速为2500m/s,则该桩的混凝土强度可评价为(　　)。

A. 好　　B. 较好　　C. 差　　D. 非常差

(4)对现场实测数据进行分析判断时,下列表述中正确的是(　　)。

A. 若声速值和波幅在20m深度处急剧下降,则应判定该处为断桩

B. 若声速值和波幅在20m深度处急剧下降,则应判定该处为混凝土强度不足

C. 若声速值和波幅在1m深度处缓慢下降,则应判定该处为断桩

D. 若声速值和波幅在1m深度处缓慢下降,则应判定桩身混凝土强度不足

(5)检测结果符合下列(　　)情形时,可判定该桩的桩身完整性为Ⅳ类。

A. 某一声测剖面连续多个测点声速、波幅值小于临界值,波形正常

B. 某一声测剖面连续多个测点声速、波幅值明显小于临界值,PSD数值突变

C. 各声测剖面每个测点的声速、波幅均明显大于临界值

D. 某一声测剖面实测波形严重畸变

2. 对某在用的钢筋混凝土桥梁进行材质状况检测,请回答以下相关问题。

(1)可用于该桥混凝土强度的检测的方法包括(　　)。

A. 钻芯法　　B. 反射波法　　C. 回弹法　　D. 超声回弹综合法

(2)关于钢筋锈蚀电位的检测,下列表述中正确的是(　　)。

A. 每个测区的测点数不宜少于 20 个

B. 实测电位差越大表明钢筋锈蚀的可能性越小

C. 结构及构件内部应处于自然干燥状态,但表面需充分湿润

D. 在同一测点,用相同参考电极重复两次测得的电位差值应小于 10mV

(3)在进行混凝土内部钢筋位置及保护层测定时,下列表述中错误的是(　　)。

A. 探头的长轴方向应尽量与被测钢筋的走向垂直

B. 在探测主钢筋时,探头应尽量靠近箍筋,可增大信号强度

C. 探头在混凝土表面的移动方向与被测钢筋的走向应尽量垂直

D. 在每次测试前,需将探头远离金属物质,对钢筋探测仪调零

(4)下列关于各检测项目测试方法的表述,正确的有(　　)。

A. 碳化深度采用回弹法进行检测

B. 钢筋锈蚀状况的测试方法采用的是半电池电位法

C. 混凝土电阻率的测试采用四电极法

D. 氯离子含量的测试方法基于电磁感应法

(5)关于材质状况的各测试指标对结构的影响,下列表述正确的有(　　)。

A. 混凝土碳化会提高混凝土表面硬度,与钢筋锈蚀无关

B. 混凝土中氯离子含量越高,则混凝土的强度越低

C. 电阻率越小,则钢筋发生锈蚀后的发展速度越快

D. 钢筋保护层厚度需满足混凝土结构的构造要求,但与钢筋锈蚀无关

3. 对某 1 孔 30m 的预应力钢筋混凝土简支梁桥实施动载试验检测,试完成以下相关试验准备、现场操作和分析等工作。

(1)为完成该桥的振动的测试,选用测振传感器时考虑的主要指标应包括(　　)。

A. 灵敏度　　B. 频率响应

C. 模态特性　　D. 线性量程

(2)以下哪些设备适用于动挠度的测试(　　)。

A. 精密水准仪　　B. 电测位移计

C. 光电挠度仪　　D. 连通管

(3)对跨中截面 3 个测点的动应变进行测试,以下操作中正确的包括(　　)。

A. 可在测试部位粘贴3个单轴应变片并采用公共温度补偿,以半桥方式接入动态采集仪

B. 可在测试部位粘贴3个单轴应变片并分别单独进行温度补偿,以半桥方式接入动态采集仪

C. 采用应变片测试时,必须采用全桥接法才能保证检测精度

D. 可采用工具式应变计进行测量

(4)对以下(　　)实测信号进行分析处理后,可评价该桥的冲击效应。

A. 振动加速度　　B. 动挠度

C. 振动速度　　D. 动应变

(5)以下关于动载试验的相关表述,正确的有(　　)。

A. 跳车试验的测试数据可用于分析计算自振频率和阻尼比

B. 弯道离心力测试是动载试验的主要内容之一

C. 冲击系数是行车试验的主要测试目的之一

D. 脉动试验的测试数据可用于振型分析

4. 对隧道混凝土衬砌施工质量进行检测,请回答以下相关问题。

(1)混凝土衬砌质量检测的内容包括(　　)。

A. 混凝土强度　　B. 混凝土衬砌结构厚度

C. 混凝土密实度　　D. 衬砌外观

(2)采用激光断面仪测量混凝土衬砌厚度时,需满足以下哪些条件(　　)。

A. 衬砌浇筑前已有初期支护内轮廓线的实测结果

B. 初期支护内轮廓线与二次模筑混凝土衬砌内轮廓线的测量结果在同一坐标系中

C. 衬砌背后不存在空洞

D. 混凝土衬砌表面不能有明显渗漏水

(3)下列混凝土衬砌质量检查项目中,(　　)可用地质雷达进行检测。

A. 混凝土衬砌厚度　　B. 混凝土衬砌的强度

C. 衬砌混凝土背后密实性　　D. 隧道衬砌内部钢筋

(4)采用地质雷达进行隧道混凝土衬砌厚度及内部状况检测时,下列关于测线布置的表述,正确的有(　　)。

A. 测线布置应以纵向布置为主,环向布置为辅

B. 测线布置应以环向布置为主,纵向布置为辅

C. 两车道隧道纵向测线应分别在隧道的拱顶、左右拱腰、左右边墙,共布置5条测线

D. 两车道隧道测线应分别在隧道的拱顶、左右拱腰,共布置3条测线

(5)若衬砌背后回填有空洞,地质雷达数据的特征为(　　)。

A. 反射信号弱,图像均一且反射界面不明显

B. 反射信号强,信号同相呈绕射弧形,不连续且分散、杂乱

C. 反射信号强,反射界面明显,下部有多次反射信号,两组信号时程差较大

D. 反射信号强,图像呈连续的小双曲线形

5. 某单洞双向交通隧道长 1800m,对其进行运营环境检测,检测内容为风压、风速和照明,请回答以下问题。

(1)若隧道内风流中某点的风速为 5m/s,单位体积空气质量为 1.295kg/m^3,则该点处空气动压为(　　)。

A. 1.619Pa　　B. 1.619kPa　　C. 16.19Pa　　D. 16.19kPa

(2)对该隧道内的风速进行检测,其检测结果为(　　)时,可判定为风速不满足要求。

A. 5m/s　　B. 6m/s　　C. 10m/s　　D. 12m/s

(3)对风机风筒内的高风速进行检测时,应优先选择的设备为(　　)。

A. 风速表　　B. 热电式风速仪

C. 皮托管和压差计　　D. 检知管

(4)若要检测各通风段的风速值,每通风段的检测断面数可为(　　)个断面。

A. 4　　B. 3　　C. 2　　D. 1

(5)对该隧道中间段路面平均照度进行检测时,下列关于测区总长度的说法,错误的是(　　)。

A. 50m　　B. 70m　　C. 160m　　D. 200m

参考答案及解析

模拟试题一

一、单项选择题

1.【答案】D

【解析】分项工程质量检验内容包括基本要求检查、实测项目得分、外观缺陷减分、资料不全减分四个方面。

2.【答案】D

【解析】石料物理几何尺寸要求中规定,累年最冷月份平均气温低于或等于 -10℃地区的小桥,所用石料抗冻性指标为 25 次。

3.【答案】C

【解析】混凝土立方体抗压强度标准试件的尺寸为 150mm×150mm×150mm;选项 B、D 不是标准试件,试验结果需进行尺寸修正;选项 A 为石材抗压强度的试件尺寸。

4.【答案】D

【解析】用 6 根刻痕钢丝和一根光圆中心钢丝捻制的钢绞线的代号为 1×7Ⅰ;选项 C 表示用 7 根钢丝捻制的标准型钢绞线;选项 A、B 这种方式的代号不存在。

5.【答案】A

6.【答案】A

【解析】土工布试样的调湿与饱和:对于土工织物,试样一般应置于温度为 20℃±2℃、相对湿度为 65%±5%和标准大气压的环境中 24h。对于塑料土工合成材料,在温度为 23℃±2℃的环境下,进行状态调节的时间不得少于 4h。

7.【答案】D

8.【答案】A

【解析】超声回弹综合法的超声测试,是通过检测超声波在混凝土中的声速大小来反映混凝土的内部情况,而声速则通过实测的换能器间距(测距)和声时换算得到。超声测试宜优先采用对测或角测法,当条件不具备时可采用单面平测法,斜测法因难以确定测距,故不采用。

9.【答案】B

10.【答案】C

【解析】混凝土的电阻率反映其导电性,规范推荐的混凝土电阻率测试方法为四电极法,该方法在混凝土表面等间距接触4支电阻,两外侧电极为电流电极,两内侧电极为电压电极,通过检测两电压电极间的混凝土阻抗得到混凝土电阻率。

11.【答案】B

【解析】超声检测混凝土内部缺陷与表层损伤的方法总体上可分为两类:第一类为用厚度振动式换能器(简称平面换能器)进行平面测试;第二类为采用径向振动式换能器进行钻孔测试。

12.【答案】C

13.【答案】D

14.【答案】A

【解析】《公路工程基桩动测技术规程》(JTG/T F81-01—2004)规定:混凝土灌注桩、混凝土预制桩的激振点宜在桩顶中心部位;预应力混凝土管桩的激振点和传感器安装点与桩中心连线的夹角不应小于45°。

15.【答案】C

【解析】按照《公路桥梁技术状况评定标准》(JTG/T H21—2011),桥梁总体技术状况及主要部件技术状况等级分为5个等级,次要部件技术状况等级分为4个等级。

16.【答案】C

【解析】桥梁定期检查的周期根据技术状况确定,最长不得超过3年;新建桥梁交付使用一年后进行第一次全面检查;临时桥梁每年检查不少于1次。

17.【答案】C

【解析】桥梁养护规范规定,对于不同技术状况的桥梁分别采取不同的养护措施:1类桥梁进行正常养护;2类桥梁需进行小修;3类桥梁需进行中修,酌情进行交通管制;4类桥梁需进行大修或改造,及时进行交通管制,如限载、限速通过,当缺损严重时关闭交通;5类桥梁需要进行改建或重建,及时关闭交通。

18.【答案】A

19.【答案】D

【解析】混凝土是非匀质材料,如采用小标距(标距是指应变片敏感丝栅的长度)应变片,受混凝土粗集料、气孔等随机分布的影响,难以保证测试的准确性。因此,对于混凝土等非匀质材料,应采用大标距应变片,要求标距$L \geq 4 \sim 5$倍最大集料直径,通常选用80~100mm的标距规格。

20.【答案】B

【解析】振弦式应变计的测试原理是测定弦的振动频率,并根据频率与张力的相关性

换算应变值,测试过程中需要仪器提供脉冲信号激励弦振动,振动稳定后测量频率值,因此每个数据的测定时间(即采样周期)为数百毫秒以上。而对于常规桥型,测试仪器的采样频率通常取200~500Hz,即采样周期为2~5ms,显然振弦式应变计的动态响应速度远不能满足动载试验动应变测定的要求。

21.【答案】D

【解析】在应变电测过程中,要求温度补偿片与工作片的粘贴材料相同(即温度膨胀系数相同)、所处的温度场相同,且使用的导线规格、长度也应相同,因此选项A、B、C错误。选项D可行,这种桥路接法称为半桥自补偿方式,要注意这种桥路方式的应变实测值=示值应变/$(1+\mu)$,μ为材料泊松比。

22.【答案】B

【解析】在评价桥梁的承载力时,需要考虑的因素众多,包括:结构缺损情况、材料强度、实际交通量、环境影响等,需要通过一系列的检查、调查工作掌握这些情况后,进行统计并量化为多个系数,统称为分项检算系数;引入分项检算系数进行结构检算,根据结果就可对桥梁的实际承载能力作出评定。因此,桥梁承载力检测评定的核心任务是正确获取分项检算系数。

23.【答案】A

【解析】《公路隧道设计规范》(JTG D70—2004)按隧道长度的不同,将隧道分为短隧道(500m及以下)、中隧道(500m~1km)、长隧道(1~3km)、特长隧道(大于3km)四类。

24.【答案】C

【解析】采用隧道激光断面仪对隧道开挖断面检测时,一般情况下,初期支护检测断面为10m一个,二次衬砌检测断面为20~30m一个。

25.【答案】C

26.【答案】C

【解析】《公路隧道设计规范》(JTG D70—2004)规定,二次衬砌混凝土的抗渗等级在有冻害及最冷月份平均气温低于-15℃的地区不低于P8,其余地区不低于P6。

27.【答案】D

28.【答案】D

【解析】国家、行业标准规定的硫化氢测定方法是亚甲基蓝比色法。

29.【答案】A

30.【答案】A

二、判断题

1.【答案】不正确

【解析】桥梁工程质量评定是按照先分项工程、再分部工程、再单位工程、再合同段和建设项目这一顺序逐级进行质量等级评定。分部工程由若干个分项工程组成。

2.【答案】正确

【解析】桥梁工程建设中分部工程包括:基础及下部构造,上部构造预制与安装,上部构造现场浇筑,总体、桥面系和附属工程,防护工程,引道工程。

3.【答案】正确

【解析】在常温条件下,对没有明显屈服现象的钢材标准试样进行拉伸试验,由于没有明显的屈服现象,可以取某一规定塑性延伸率对应的应力作为规定塑性延伸长度,作为这类钢材的强度指标。通常取塑性延伸率为0.2%所对应的应力作为规定塑性延伸强度,即$R_{p0.2}$。

4.【答案】不正确

【解析】混凝土原材料砂按细度模数分类:细砂细度模数为1.6~2.2,中砂细度模数为2.3~3.0,粗砂细度模数为3.1~3.7。

5.【答案】正确

6.【答案】不正确

【解析】无纺土工织物试样测定经向的撕裂强度时,剪取试样长边应与织物经向平行,使切缝垂直于经向;测定纬向撕裂强度时,剪取试样长边应与织物纬向平行,使切缝垂直于纬向。

7.【答案】不正确

【解析】采用超声回弹综合法检测混凝土的抗压强度时,测区应优先选在混凝土浇筑面的侧面,当现场条件受限时,测区也可位于混凝土浇筑面的顶面或底面,但应对回弹值和声速值进行修正。

8.【答案】不正确

【解析】采用钻芯法检测混凝土的抗压强度时,芯样试件宜在与被测结构或构件混凝土湿度基本保持一致的条件下进行抗压试验。如结构混凝土的工作条件比较干燥,芯样试件在受压前应在室内自然干燥3d;如结构混凝土的工作条件比较潮湿,芯样试件应在20℃±5℃的清水中浸泡40~48h,从水中取出后立即进行抗压试验。

9.【答案】正确

【解析】混凝土中氯离子含量检测,每一测区取粉的钻孔数量不宜少于3个,取粉孔可以与碳化深度测量孔合并使用。

10.【答案】不正确

【解析】钢筋探测仪基于电磁感应工作原理,当探头长轴方向与钢筋走向平行时灵敏度最高,探头移动方向与钢筋走向垂直时所感应的磁场强度变化最明显。因此,使用钢筋探测仪检测混凝土内部钢筋时,要保证探头长轴方向尽量平行于被测钢筋,沿着与被测钢筋轴线垂

直的方向移动探头,测量主筋时应尽量避开箍筋位置。

11.【答案】正确

12.【答案】正确

13.【答案】正确

14.【答案】正确

15.【答案】不正确

【解析】拱桥的主要部件包括:主拱圈、拱上结构、桥面板、桥墩、桥台和基础。

16.【答案】正确

【解析】经常检查时发现重要构件(部件)的缺损达到三类及以上时,应立即安排定期检查。

17.【答案】正确

18.【答案】不正确

【解析】桥梁静力荷载一般分为3~5级施加,加载车较多时,可用车辆数量控制加载分级。本题中只有两台车时可不一次性加载到影响线峰值区,采用多次停放、逐步靠近影响线峰值区的方式实现多级加载。

19.【答案】不正确

【解析】电子水准仪虽然能够自动测读,但其测试速率远远不能满足动载试验对仪器动态响应速度的要求。

20.【答案】不正确

【解析】静载试验加载控制荷载后,此时应严禁其他载重车辆(包括桥检车)上桥以避免超载。加载时的裂缝情况是必不可少的测试内容。类似于本题中的情况,加载期间检测人员无法到达接近测试部位进行检查时,可预先选取部分代表性的裂缝,跨缝安装电测位移计或工具式应变计等传感器,通过电测方法测试裂缝的扩展情况。

21.【答案】正确

22.【答案】正确

23.【答案】正确

24.【答案】不正确

【解析】防水板焊缝可抽样用充气法检查。将5号注射针与压力表相接,用打气筒充气,当压力表达到0.25MPa时,保持15min,压力下降在10%以内,焊缝质量合格。

25.【答案】正确

【解析】隧道注浆应根据使用目的选择适宜的注浆材料,以围岩为目的的注浆宜采用强度高、耐久性好的单液浆;以堵水为目的的注浆宜采用凝固时间短、强度较高的双液浆或其他化学浆液。

26.【答案】不正确

【解析】冲击钻探法应用广泛,但不能获取芯样。回旋取芯钻探法可获取芯样,但速度慢,一般只用于特殊地层和特殊地段。

27.【答案】不正确

【解析】红外探测法是利用红外辐射原理,通过探测和分析局部地温异常变化等现象,判断前方是否存在水体及水体的方位,但不能定量提供出水量大小等数据。

28.【答案】不正确

【解析】同一束光源发出的具有光程差的两束相干光波会产生干涉现象,光干涉瓦斯检定器根据干涉条纹移动的大小计算气体中的瓦斯浓度;催化型瓦斯测量仪是根据瓦斯与氧气在催化剂作用下发生化学反应,释放热量导致仪器内部的热敏元件温度升高(热敏元件温度升高后,电阻变大),利用测量电桥将电阻变化转换为电压信号,进而计算气体中的瓦斯浓度。所以光干涉瓦斯检定器与催化型瓦斯测量仪的测试原理是不相同的。

29.【答案】正确

30.【答案】不正确

【解析】工程上一般采用激光断面仪检测隧道净空断面变化情况,也可采用全自动免棱镜全站仪进行检测。

三、多项选择题

1.【答案】CD

【解析】只有当分部工程所属分项工程全部合格时,该分部工程才合格;分项工程得分不低于75分为合格,除此基本规定以外,对于机电工程和属于工厂加工制造的桥梁金属构件的分项工程,则得分不低于90分才为合格。

2.【答案】ACD

【解析】混凝土棱柱体抗压弹性模量试验中用到的仪器设备包括压力试验机或万能试验机、微变形测量仪、微变形测量仪固定支架、钢尺等;其中,微变形测量仪可用千分表,或分辨率不低于0.001mm的其他仪表。百分表的分辨率为0.01mm,不满足试验要求。

3.【答案】AD

【解析】在抗剪弹性模量试验中,将试样置于压力机的承载板与中间钢拉板上,按双剪组合配置好,对准中心,偏差应小于1%的试样短边尺寸。当试样为矩形支座时,应使支座顺其短边方向受剪。

4.【答案】ACD

【解析】规范中,针对单个构件回弹检测时测区选择的规定主要包括:

(1)对一般构件,测区数不宜小于10个;当受检构件数量大于30各且不需提供单个构件

推定强度或受检构件某一方向尺寸不大于4.5m且另一方向尺寸不大于0.3m时,测区数量可适当减少,但不应少于5个;

(2)相邻两测区的间距不应大于2m,测区离构件端部或施工缝边缘的距离不宜大于0.5m,且不宜小于0.2m;

(3)测区宜选在能使回弹仪处于水平方向的混凝土浇筑侧面,当不能满足要求时,也可选在使回弹仪处于非水平方向的混凝土浇筑表面或底面;

(4)测区的面积不宜大于0.04m^2;

(5)……

5.【答案】CD

【解析】选项A错误,采用超声回弹综合法检测结构混凝土强度,超声测试时需在混凝土表面涂抹耦合剂,如先完成超声测试则混凝土表面的耦合剂将影响回弹测值的准确性,故应先进行回弹测试,再进行超声测试。选项B错误,超声回弹综合法按单个构件检测混凝土强度,每个构件上测区数量不应少于10个。

6.【答案】CD

【解析】选项A错误,超声平测法采用厚度振动式换能器(平面换能器),以两个换能器内边缘之间的距离作为测距。选项B错误,采用超声平测法检测混凝土缺陷,当有钢筋穿过裂缝并与两换能器的连线大致平行时,沿钢筋传播的超声波首先达到接收换能器,会影响到测试结果的准确性,因此规范要求布置测点时,两换能器的连线应避免与钢筋轴线平行;如无法避免,应使两个换能器连线与该钢筋的最短距离不小于超声测距的1/6。

7.【答案】ABC

【解析】根据焊接工序的特点,检验工作是贯穿始终的。一般分成三个阶段,即焊前检验、焊接过程中检验和焊后成品的检验。

8.【答案】ABCD

【解析】《公路桥涵地基与基础设计规范》(JTG D63—2007)将公路桥涵地基的岩土分为岩石、碎石土、砂土、粉土、黏性土和特殊性岩土六类。

9.【答案】ABC

【解析】采用跨孔透射法检测某桥梁工程桩基础的完整性时,其测试方式分为对测、斜测、扇形测三种方法,此三种方法结合波形进行综合分析,可查明桩身存在的缺陷性质和范围大小。

10.【答案】ABD

11.【答案】AD

12.【答案】BD

13.【答案】BC

【解析】根据振动法测试索力的基本原理，在拉索横向抗弯刚度可忽略时，索力按公式求得：$T=\frac{4WL^2f_n^2}{n^2}$，可知实测索力与自振频率 f_n、频率阶数 n、拉索索长 L、拉索线密度 W 相关，前两项在现场测试，后两项一般通过设计图纸获取。

14.【答案】BCD

【解析】动挠度为桥梁动载试验的行车动力反应(响应)测定参数。

15.【答案】ACD

【解析】实际冲击系数是桥梁行车动力试验的测试参数，基于技术状况检查的桥梁结构承载力检测评定中未考虑实际冲击系数大小这一因素。检算评定中，荷载效应计算应计入汽车冲击的影响，但此时取用的冲击系数是根据基频的计算结果得到，其取值为规范理论取值，与实际冲击系数不同。实际冲击系数是一个受结构体系、车速、车辆特性、桥面平整度等多种因素影响的综合性指标。

16.【答案】ABCD

17.【答案】ABD

【解析】防水层铺设基面在隧道断面变化或转弯处的阴角应抹成 $R\geqslant5$cm 的圆弧，因此选项 C 错误。

18.【答案】ABC

【解析】隧道内施工环境检测的主要任务是检测隧道施工过程中隧道内粉尘、有害气体及核辐射等；隧道内的照明情况检测属于隧道运营环境检测内容。

19.【答案】ABCD

20.【答案】ABCD

四、综合题

1.【答案】(1)AC (2)D (3)ABCD (4)BCD (5)C

【解析】(1)锚具的静载锚固性能试验需同时满足荷载效率 $\eta_a\geqslant0.95$ 和实测极限拉力时的总应变 $\varepsilon_{apu}\geqslant2.0\%$ 的要求。

(2)锚具静载锚固性能试验前，需对单根预应力钢绞线(母材)进行力学性能试验，钢绞线母材试样不应少于6根，力学性能试验结果满足相关标准后方可使用。

(3)静载锚固性能试验、周期荷载试验、疲劳试验用设备，一般由加载千斤顶、荷载传感器、承力台座、液压油泵源及控制系统组成。

(4)试验过程中应观测锚具的变形：在静载锚固性能满足后，夹片允许出现微裂和纵向断裂，不允许出现横向、斜向断裂及脆短；预应力筋达到极限破断时，锚板不允许出现过大塑性变形，锚板中心残余变形不应出现明显挠度；夹片回缩 Δb 较预应力筋应力为 $0.8f_{ptk}$ 时成倍增加，

表明已失去可靠的锚固性能。

(5)国家标准《预应力筋用锚具、夹具和连接器》(GB/T 14370—2007)中,对锚具效率系数的计算公式为:$\eta_a = \frac{F_{apu}}{\eta_p F_{pm}}$。式中,$F_{apu}$为锚具组装件的实测极限拉力;$\eta_p$为预应力钢筋效率系数;$F_{pm}$为锚具组装件中各根预应力筋计算拉力之和。本题中,锚具效率系数 $\eta_a = 1846.5/(0.99 \times 1901.3) = 0.99$。

2.【答案】(1)B　(2)BC　(3)B　(4)ABD　(5)ABCD

【解析】(1)依据题意,检测单位采用的圆锥的规格为落锤质量63.5kg,锤落距76cm,探头直径74mm,探杆直径42mm,为重型圆锥动力触探试验。

(2)重型圆锥动力触探试验的锤击速率为每分钟15~30击。

(3)略。

(4)重型圆锥动力触探试验结果,应根据试验现场情况的不同进行修正,主要有:

①当地基土为碎石土时,锤击数应根据探杆长度进行修正;

②对于砂土和松散~中密的圆砾、卵石,触探深度在1~15m范围内时,一般不考虑侧壁摩擦的影响;

③对于地下水位以下的中砂、粗砂、砾砂和圆砾、卵石,实测锤击数的修正公式为:$N_{63.5} = 1.1N'_{63.5} + 1.0$。

(5)除选项A、B、C、D外,重型或超重型圆锥动力触探试验结果还可应用于:①利用触探曲线进行力学分层;②确定单桩承载力;③确定抗剪强度、地基检验和确定地基持力层。

3.【答案】(1)BD　(2)AC　(3)ABD　(4)AB　(5)AD

【解析】(1)普通光学水准仪的分辨力为1mm,不能满足测试精度要求;题述该桥跨越河沟,以悬吊挂篮作为检测平台,桥下没有固定参考点,无法安装位移计。因此选项A、C错误。

(2)对普通钢筋混凝土结构进行应变测试时,要考虑受拉区混凝土开裂的问题。跨中截面的T梁底部和翼缘板底面分别处于受拉区和受压区,正确的操作是,局部凿开T梁底部混凝土露出钢筋,将短标距的应变片(计)布设在钢筋上,翼缘板底面可直接粘贴长标距混凝土应变片,因此选项A、C正确。

(3)略。

(4)应变片焊接不可靠,测量回路的接触电阻不稳定,会导致数据的不稳定;应变仪是弱电设备,容易受电磁干扰影响,测站附近变电站的电磁干扰也可能引起应变数据不稳定,在测站附近使用手机、对讲机以及桥址的手机基站、变压器等,均可能引起应变数据的波动。而应变片灵敏系数设定错误,只会产生系统误差,不会引起数据的波动。

(5)即便是小跨径桥梁,也要按照规定进行分级加载,以保证安全、获取结构响应与荷载

的相关性数据;普通钢筋混凝土结构是允许带裂缝工作的,试验荷载作用下出现了新裂缝不属于应终止试验的异常或危险情形,况且裂缝宽度也未超过规范限值(0.25mm)。

4.【答案】(1)C (2)B (3)D (4)C (5)A

【解析】(1)拱顶下沉测点应在开挖后24h之内,距离开挖断面2m范围内埋设,并在下一循环开挖或爆破前读取初始数据。

(2)基点测桩应布置在通视条件好、地基稳定无变形的坚硬岩石或构造物上,一般要求距离被测断面20m以外,洞内基点可布置在已完成的衬砌边墙或基础上。

(3)根据精密水准仪的测量原理和给定的条件,将测点高程与基点高程进行比较,通过计算高差即可获得拱顶下沉量,第2次量测相对首次测量的拱顶下沉量为:$\Delta h_{2-1}=(2298.80-1518.55)-(2300.00-1520.50)=0.75\text{mm}$。

(4)与前述方法相同,第6次测量相对首次的拱顶累计下沉量为:$\Delta h_{6-1}=(2309.49-1528.33)-(2300.00-1520.50)=1.66\text{mm}$。

(5)量测数据处理结果表明,被测点每天下沉增量随时间逐步减少(第二天的增量为0.75mm,第六天的增量为0.13mm),位移速率变小较快,因此可判断被测点变形状态正常。

5.【答案】(1)D (2)ABD (3)BD (4)ABD (5)A

【解析】(1)对于杆体材料为钢材的锚杆,其断后伸长率不应小于16%。

(2)锚杆孔位、孔深、锚杆抗拔力、锚杆锚固密实度均属于锚杆安装质量检查的内容;锚杆抗拉强度属于锚杆材料力学性能检测内容。

(3)锚杆抗拔力检测标准为:检测数量为锚杆数的1%且每次不少于3根;同组锚杆抗拔力的平均值应不小于设计值;单根锚杆的抗拔力不得低于设计值的90%。

(4)锚杆外露长度不够时,需对受检锚杆做加长处理,可采用连接套筒接长,连接抗拉强度应能承受100%杆体极限抗拉力;锚杆抗拔力试验时,如无特殊需要,可不做破坏性试验,拉拔到设计拉力即停止加载。

(5)若锚杆外密实、饱满地由水泥砂浆握裹,砂浆又与周围岩体黏结,则超声波在传播过程中,不断从锚杆通过水泥砂浆向岩体扩散,能量损失很大,在杆体外端测得的反射波振幅很小,甚至测不到。因此选项A正确。

模拟试题二

一、单项选择题

1.【答案】B

【解析】评定为不合格的分项工程,经加固、补强或返工、调测,满足设计要求后,可以

重新评定其质量等级,但计算分部工程时按其复评分值的90%计算。

2.【答案】B

【解析】混凝土棱柱体抗压弹性模量的计算结果精确至100MPa;混凝土立方体抗压强度和混凝土棱柱体轴心抗压强度的测试结果精确至0.1MPa;混凝土抗弯拉强度和混凝土立方体劈裂抗拉强度的测试结果精确至0.01MPa。

3.【答案】A

4.【答案】D

【解析】在混凝土试件的养护中,将完好试件放入标准养护室进行养护,养护室温度20℃ ±2℃,相对湿度为95%以上,且试件应放在铁架或木架上,间距至少10~20mm,试件表面应保持一层水膜,并避免直接用水冲洗。

5.【答案】C

【解析】在锚具静载锚固试验中,为使每根钢绞线受力均匀,初应力应为钢绞线抗拉强度标准值的5%~10%。

6.【答案】A

【解析】盆式橡胶支座摩擦系数(加5201硅脂润滑后)试验规定:常温型活动支座的摩擦系数应不大于0.03,耐寒型活动支座的摩擦系数应不大于0.06。

7.【答案】C

8.【答案】D

【解析】超声回弹综合法通过测定混凝土的声时值和回弹值,换算确定混凝土的抗压强度。选项C中,混凝土表面碳化会增大混凝土表面的硬度使回弹值变大,也会使超声波的声速降低,因此碳化深度对于回弹值和声速的影响是一增一减,而超声回弹综合法的换算强度公式是分别把回弹值和声速值的指数函数相乘,碳化深度对超声回弹综合法换算强度的影响不明显,因此规范中没有要求需要进行碳化深度的检测。

9.【答案】B

【解析】钻芯法抗压试验的芯样试件宜使用标准芯样试件,其公称直径不宜小于集料最大粒径的3倍;也可采用小直径芯样试件,但其公称直径不应小于70mm且不得小于集料最大粒径的2倍。

10.【答案】B

【解析】测定氯离子含量方法有实验室化学分析法和滴定条法两种,其中,滴定条法可在现场完成测定。选项C半电池电位法用于测定混凝土中的钢筋锈蚀电位水平,选项D四电极法用于测定混凝土的电阻率。

11.【答案】D

【解析】目前,钢结构构件内部缺陷的无损检测方法主要有:超声波法、射线法、磁粉检测法和渗透检测法。

12.【答案】D

13.【答案】C

【解析】《公路工程基桩动测技术规程》(JTG/T F81-01—2004)规定:当桩径不大于1500mm 时,埋设3根声测管,当桩径大于1500mm 时,应埋设4根声测管。

14.【答案】B

【解析】《公路桥涵施工技术规程》(JTG/T F50—2011)规定了基桩竖向承载力试验时,可终止加载的条件为:

(1)总位移量大于或等于40mm,本级荷载沉降量大于或等于前一级荷载下沉降量的5倍;

(2)总位移量大于或等于40mm,本级荷载加上后24h尚未达到相对稳定标准;

(3)巨粒土、砂类土、坚硬黏质土中,总下沉量小于40mm,但荷载已大于或等于设计荷载×设计规定的安全系数;

(4)施工过程中的检验性试验,一般应继续加到桩的2倍设计荷载为止;如果桩的总沉降量不超过40mm,且最后一级加载引起的沉降不超过前一级加载引起的沉降的5倍。

15.【答案】C

【解析】桥梁特殊检查分为专门检查和应急检查,当出现以下四种情况时,应做专门检查:1)定期检查中难以判明桥梁的损坏原因及程度;2)桥梁技术状况为4类或5类;3)拟通过加固手段提高桥梁的荷载等级;4)条件许可时,特殊重要的桥梁在正常使用期间可周期性进行荷载试验。

16.【答案】C

17.【答案】B

18.【答案】B

19.【答案】A

20.【答案】A

【解析】利用电桥“相邻臂相减、相对臂相加”的输出特性,可实现温度补偿。根据此原理可知,四分之一桥方式(即只接入单个应变片)不能实现温度补偿功能。

21.【答案】C

【解析】移动汽车荷载通过桥梁结构时所产生竖向动力效应的增大系数称为冲击系数,一般通过对动载试验行车试验的动挠度时间曲线来分析计算。

22.【答案】B

23.【答案】B

24.【答案】C

【解析】通常情况下,初期支护检测断面为10m一个,二次衬砌检测断面为20~30m一个。

25.【答案】C

【解析】地质雷达天线可采用不同频率的天线组合,低频天线探测距离长、分辨率低,高频天线探测距离短、分辨率高。对于探测深度≤1.3m的混凝土结构,宜采用400~600MHz天线;900MHz天线探测深度<0.5m;对于探测深度为1.3~15m的混凝土结构,宜采用100MHz和200MHz天线。

26.【答案】B

27.【答案】D

28.【答案】B

【解析】隧道衬砌内部应力量测大多采用埋入式钢弦式应变计,也可采用应变砖,但应用很少;电阻应变片和工具式应变计用于桥梁荷载试验中的结构应变测量。

29.【答案】C

30.【答案】A

【解析】《公路隧道养护技术规范》(JTG H12—2015)规定,对一级、二级、三级养护隧道,经常性检查频率分别为1次/月、1次/2月和1次/季度,当某一分项技术状况评定值为3或4时,或在极端天气后发现异常情况时,应提高经常性检查频率。

二、判断题

1.【答案】正确

【解析】涉及结构安全和使用功能的重要实测项目为关键项目,其合格率不得低于90%,其中属于工厂加工制造的桥梁金属构件合格率不低于95%,机电工程合格率为100%。

2.【答案】不正确

【解析】质量保证资料不完整只能作为减分因素,不能直接判定该分项工程不合格。

3.【答案】正确

【解析】混凝土棱柱体抗压弹性模量试验,每组试件为6个,其中3个用于测定轴心抗压强度,提供弹性模量试验的加荷标准,另外3个则作弹性模量测定试验。

4.【答案】正确

5.【答案】不正确

【解析】钢筋拉伸试验一般在室温10~35℃范围内进行。对室温要求严格的试验,试验温度应为23℃±5℃。

6.【答案】正确

【解析】规范规定，锚具的疲劳性能试验，试验经过200万次循环荷载后，锚具零件不应发生疲劳破坏；钢绞线因锚具夹持作用发生疲劳破坏的面积不应大于原试样总面积的5%。

7.【答案】不正确

【解析】盆式橡胶支座竖向承载力试验，在竖向设计承载力作用下，支座压缩变形不大于支座总高度的2%；在竖向设计承载力作用下，盆环上口径向变形不得大于盆环外径的0.05%；卸载后残余变形小于支座设计荷载下相应变形的5%。

8.【答案】不正确

【解析】土工布试样的调湿与饱和要求：对于土工织物，试样一般应置于温度为20℃±2℃、相对湿度为65%±5%和标准大气压的环境中调湿24h。对于塑料土工合成材料，在温度为23℃±2℃的环境下，进行状态调节的时间不得少于4h。

9.【答案】正确

【解析】采用半电池电位法检测钢筋锈蚀，对测试系统稳定性的要求包括：在同一测点，用相同参考电极重复两次测得的电位差值应小于10mV；在同一测点，用两只不同参考电极重复两次测得的电位差值应小于20mV。

10.【答案】正确

【解析】当实测结果与设计有较大偏差时，不能过于依赖测试数据轻易下结论，应采用更为可靠、直接的手段验证仪器是否正常、干扰造成的偏差是否过大、工作环境是否适用等，规范规定应选取不少于30%的已测钢筋，且不少于6处采用钻孔、剔凿等方法验证。

11.【答案】不正确

【解析】混凝土结构物表面裂缝深度不超过500mm的称为浅裂缝，超过500mm的称为深裂缝。对于浅裂缝的深度检测，如结构物的裂缝部位具有两个相互平行的测试表面时，可采用斜测法，如不具备此条件可采用单面平测法。对于深度超过500mm的深裂缝，如采用平测法，超声波绕射距离过长，脉冲信号衰减剧烈，接收换能器接收到的信号过小，难以得到准确结果。因此，对于深裂缝一般采用钻孔对测法检测其深度，即在裂缝两侧钻孔后放置换能器进行对测。

12.【答案】不正确

【解析】同一测区的不同取样孔中钻取的粉末应分层收集，相同深度的粉末可收集在一个塑料袋内，质量不少于25g；不同深度（无论是否同一测区、同一钻孔）的粉末不能混合；不同测区的粉末不能混合。

13.【答案】不正确

【解析】泥浆的黏度应采用标准漏斗黏度计测定，含砂率计用于测定泥浆的含砂率。

14.【答案】不正确

【解析】对于软土地区的超长桩，长径比很大，桩身阻抗与持力层阻抗匹配好，常测不

到桩底反射信号。

15.【答案】正确

16.【答案】正确

【解析】经常检查和定期检查均主要是目测检查,但定期检查强调“必须接近各桥梁部件仔细检查其缺损情况”,如使用桥检车、搭设脚手架等辅助机具或手段。

17.【答案】不正确

【解析】公路桥梁的特殊检查技术要求较高,应委托具有相应资质和能力的单位承担。

18.【答案】正确

【解析】支座应划归到上部结构参与技术状况评价。

19.【答案】不正确

【解析】加载车过磅时除称总重外,还要分轴称出各车轴的轴重,并量取记录轴距。

20.【答案】正确

21.【答案】不正确

【解析】普通钢筋混凝土结构是允许带裂缝工作的构件,荷载作用下,混凝土受拉区因开裂而退出工作,主要由钢筋受力,因此不能将应变片布置在测试截面的下缘受拉区混凝土表面。通常是在测试区域凿除局部的钢筋保护层,露出钢筋并布置钢筋应变片(计)进行测试,测试结束后及时修补钢筋保护层。全预应力和部分预应力A类构件,因结构是全截面参与受力,因此应将应变测点布置在混凝土表面上,而不得损伤梁体。

22.【答案】正确

23.【答案】正确

24.【答案】不正确

【解析】在完成初期支护并经监控量测或观测,确认围岩初期支护基本稳定后,才能铺设防水层。

25.【答案】不正确

【解析】拱墙衬砌混凝土浇筑时,基础、拱、墙应一次连续浇筑,不得先浇筑基础和矮边墙。

26.【答案】正确

27.【答案】不正确

【解析】隧道监控量测的必测项目为经常性检测项目,方法简单、可靠性高、检测断面多,如拱顶下沉、周边收敛要求每隔5~50m设一个检测断面,洞内外观测则要求在每个开挖循环时都进行观测;而选测项目技术难度较大、成本高,因此一般只针对特殊地段、危险地段或有代表性的地段。

28.【答案】不正确

【解析】地震波反射法主要用于地层界线、地质构造、不良地质体范围等的超前预报。

29.【答案】正确

【解析】隧道照明检测可分为实验室检测和现场检测。实验室检测主要对单个灯具的特性或质量进行检测,为照明设计提供依据,或为工程选用合格产品;现场检测主要对灯群照明下的路面照度、亮度和眩光参数进行检测,用以评价隧道照明工程的设计效果与施工质量。

30.【答案】正确

三、多项选择题

1.【答案】ABD

【解析】质量保证资料不完整只能作为减分因素,不能直接判定该分项工程不合格。出现选项 A、B、D 所述情形时,应判定该分项工程不合格。

2.【答案】ABCE

【解析】钢绞线的产品标记包括:结构代号、公称直径、强度级别、标准号。

3.【答案】BD

【解析】金属波纹管力学性能试验检测项目包括径向刚度和抗渗漏性能;环刚度、抗冲击性能属于塑料波纹管的力学性能检测项目。

4.【答案】ABD

【解析】板式橡胶支座力学性能试验检测项目包括:抗压弹性模量、抗剪弹性模量、抗剪黏结性能、抗剪老化、摩擦系数、转角、极限抗压强度;水平承载力属于盆式或球形支座的力学性能检测项目。

5.【答案】BCD

【解析】钻芯法检测混凝土强度,芯样试件尺寸偏差及外观质量必须符合规范要求,超过下列数值时,相应的测试数据无效:1)芯样试件的实际高径比(H/d)小于要求高径比的0.95或大于1.05;2)沿芯样试件高度的任一直径与平均直径相差大于2mm;3)抗压芯样试件端面的不平整度在100mm长度内大于0.1mm;4)芯样试件端面与轴线的不垂直度大于1°;5)芯样有裂缝或有其他较大缺陷。

6.【答案】BD

【解析】采用低应变反射波法检测基桩完整性,桩径不大于1000mm时,测振传感器不宜少于2个测点,桩径大于1000mm时,不宜少于4个测点;测振传感器安装于桩的1/2~2/3半径处;锤击点应位于桩中心处,这样激振引起的表面波从桩侧来回反射产生的干扰信号最小;而规定的测点数随被检桩直径的增大而增多,是为避免桩顶材料不均匀所产生的不利影响

及桩身存在局部缺陷时可能出现漏检等问题。因此选项 B、D 正确。

7.【答案】ABCD

【解析】对于混凝土灌注桩桩身完整性检测,较为常用的方法是低应变反射波法和声波透射法,若经上述两种方法检测后,对桩身完整性仍存在疑虑时,可用钻芯取样法进行验证。钻芯取样法可以检测桩长、桩身混凝土强度、桩底沉渣厚度、鉴别桩底岩土性状等,检测成果直观可靠,能够准确地判定桩身完整性类别。高应变动力试桩法实测的冲击波作用下的加速度与应变信号,经基桩动测仪软件处理后,输出力和速度时程曲线,不仅可以用于分析基桩承载力,还可以用于判断桩身完整性。

8.【答案】ABCD

9.【答案】ABC

【解析】桥梁检查针对不同的检查目的、检查范围和检查周期分为经常检查、定期检查和特殊检查,其中,特殊检查又分为专门检查和应急检查。

10.【答案】AD

【解析】特殊检查分为专门检查和应急检查。在以下情况下应做专门检查:1)定期检查中难以判明损坏原因及程度的桥梁;2)桥梁技术状况为四、五类者;3)拟通过加固手段提高荷载等级的桥梁;4)条件许可时,特殊重要的桥梁在正常使用期间可周期性进行荷载试验。

桥梁遭受洪水、流水、滑坡、地震、风灾、漂浮物或船舶撞击,因超重通行或其他异常情况影响造成损害时,应进行应急检查。

11.【答案】ABCD

12.【答案】ABC

【解析】对于全预应力结构,混凝土全截面参与受力,因此除特殊情况外,不允许破坏混凝土保护层在钢筋上布置应变测点。而普通钢筋混凝土结构是带裂缝工作的构件,受拉区混凝土因开裂退出工作,此时应将应变片布置在受拉主筋上。

13.【答案】BCD

【解析】选项 B、C、D 适用桥梁自振特性测定试验,其中以自由振动衰减法、环境随机振动法应用较为广泛,共振法目前国内很少有人应用。此处的冲击回波法是一个错误的概念。

14.【答案】CD

【解析】承载力检算仅适用于在用桥梁,需先完成桥梁技术状况检测,在此基础上确定分项检算系数修正荷载效应和抗力效应后,再进行承载力评定;荷载试验适用于在用桥梁和新建桥梁的承载力评定。

15.【答案】ACD

【解析】激光断面仪采用极坐标法进行测量,能获取隧道断面轮廓线;仪器可设定测量起始角、终止角及等角步长,自动完成测量;仪器不需要反射棱镜作为协作目标,这是此方法

的优势之一。

16.【答案】ABD

【解析】采用地质雷达检测混凝土衬砌质量，当分段测量时，相邻测量段接头重复长度不应小于1m。

17.【答案】ABC

【解析】井点降水适用于均质砂土、亚黏土地段、浅埋地段；地下水丰富且排水时夹带泥沙引起开挖面失稳，应采用超前围岩预注浆堵水。

18.【答案】ABD

【解析】选项C错误，位移计安装宜采用灌注水泥砂浆进行锚固，不得采用药包锚固剂锚固。

19.【答案】ABCD

20.【答案】ABCD

【解析】隧道净空断面变形检测内容包括：高程检测、隧道断面检测、隧道衬砌结构裂缝发展监测、拱顶及边墙沉降检测、路面和电缆沟沉降（陷）检测等。

四、综合题

1.【答案】(1)CD (2)A (3)B (4)A (5)BCD

【解析】(1)根据题设条件，该工程地基土为淤泥质土，属于软土地基，当对软土地基进行浅层平板荷载试验时，承压板的面积不小于$0.5m^2$。

(2)地基土的变形模量E_0，可根据下式进行计算：

$$E_0 = (1-\mu^2)\frac{\pi B}{4}\cdot\frac{\Delta P}{\Delta S}$$

式中，B为承压板直径(m)，当为方形板时，$B=\sqrt{\frac{A}{\pi}}$(A为方形板的面积，单位为m^2)；$\frac{\Delta P}{\Delta S}$为"荷载-沉降"关系曲线中$oa$段的斜率(kPa/m)；$\mu$为地基土泊松比。

将题中的已知条件分别代入上式计算，可得选项A正确。

(3)图中oa段曲线表示的是压密阶段；ab段曲线表示的是剪切阶段；bc段曲线表示的是破坏阶段。

(4)利用现场绘制的P-S曲线，可以计算地基土的承载力基本容许值和土的变形模量。

(5)略。

2.【答案】(1)ACD (2)C (3)CD (4)CD (5)BC

【解析】(1)回弹仪在每次检测的前后，都要用钢砧进行率定，率定方向为竖直向下弹击；钢砧的钢芯硬度和表面状态会随着弹击次数的增加而改变，故钢砧也应送检或校准，周期为2年。

(2)根据题述,该桥T梁满足批量检测的条件,应随机抽检不少于总数30%且不少于10个构件进行回弹检测,故选项C正确;规范规定,当检验批构件总数大于30个时,抽检构件数量可适当调整,但不得少于国家标准规定的最少数量,本题中构件总数为21个,未达到此条件。

(3)回弹测区应优先选在能使回弹仪处在水平方向的混凝土浇筑侧面,对于T梁回弹测区一般选在腹板侧面;测区应能使实测回弹值具有代表性,选择测区时应避开有蜂窝、麻面的部位,不能用砂浆修补。故选项C、D的做法错误。

(4)选项A错误,碳化深度测点数不应少于构件测区数量的30%,而非抽检构件数量的30%;选项B错误,因水中的杂质可能影响混凝土的酸碱度,干扰酚酞酒精试剂的测试结果,因此碳化深度测孔中的粉末和碎屑应用气吹或毛刷等工具清除,不得用水擦洗。

(5)选项A错误,回弹仪向上弹击时因回弹杆受重力影响导致回弹值偏大,且梁底为浇筑底面,对回弹值的角度修正值和浇筑面修正值均为负值;选项D错误,混凝土表面碳化使得表面硬度增大导致回弹值偏大,对强度测试结果的影响需进行修正,但不是直接修正回弹值。

3.【答案】(1)CD (2)BC (3)BD (4)BC (5)AB

【解析】(1)混凝土为非匀质材料,为保证测试效果,要求应变片的标距不小于4~5倍的最大粗集料粒径,故选项C、D正确。

(2)选项A错误,用水清洗贴片区域会导致应变片的绝缘性能降低,一般采用丙酮或工业酒精清洗;选项D显然错误,温度补偿片应贴在钢筋上,不能达到理想的补偿效果,补偿件应与被测构件同材料。

(3)选项A错误,实桥应变测试大多采用半桥接法,采用1/4桥无法实现温度补偿,不适合在温度多变的野外环境使用;选项C错误,静态量测仪器的采集速度没有必须达到100点/s的要求;选项D正确,应变仪灵敏系数应设定为与应变片灵敏系数相同,否则会产生系统误差,但如果设定错误可对结果进行修正。

(4)选项B正确,全预应力结构在荷载作用下不允许出现横向裂缝,属于异常现象;选项C说明控制测点应变值已超过计算值,出现这些情况时应暂停加载,查明原因,采取措施后再确定是否继续试验。

(5)应变片受潮、绝缘电阻偏低会影响数据的稳定性;测量回路中任何能产生电阻变化的因素均会引起数据波动,包括虚焊、线缆连接不可靠、风导致导线摆动等;是否平衡清零并不影响数据波动和漂移;地脉动输入能量非常微弱,只能使桥梁产生微幅振动,不是导致应变数据波动较大的原因。故选项A、B正确。

4.【答案】(1)BCD (2)ABC (3)A (4)CD (5)A

【解析】(1)从喷射混凝土施工技术和施工管理方面分析,影响喷射混凝土厚度的因素主要有:爆破效果、回弹率、施工控制措施和喷射参数。

(2)喷射混凝土抗压强度试验检查试件的制作方法包括喷大板切割法、凿方切割法、喷模法、钻芯法;拔出法属于现场检测方法的一种,不是检查试件的制作方法。

(3)凿孔检查喷射混凝土厚度时,宜在混凝土喷后8h以内,用电钻、风钻钻孔检查,发现厚度不够时可及时补喷。

(4)喷射混凝土与岩石的黏结强度合格标准为:Ⅰ、Ⅱ级围岩不应低于0.8MPa,Ⅲ级围岩不应低于0.5MPa;围岩低于0.5MPa的软岩、破碎围岩、土石围岩、黄土围岩等,不做黏结强度检测。

(5)《岩土锚杆与喷射混凝土支护工程技术规范》(GB 50086—2015)规定,回弹率应予以控制,拱部不应大于25%,边墙不应大于15%。

5.【答案】(1)B　(2)B　(3)ABCD　(4)AB　(5)AB

【解析】(1)略。

(2)空气中总粉尘浓度 $C=(m_2-m_1)/(QT)=(4800-4500)/(1.2\times5)=50\text{mg/m}^3$。

(3)除选项A、B、C、D外,隧道内瓦斯浓度检测的测点还应布置在电气焊接作业地点附近和其他瓦斯可能聚集或泄漏的地点附近。

(4)检知管和AT2型一氧化碳测量仪都可检测隧道内的一氧化碳浓度,检知管分为比色式和比长式两种;AT2型一氧化碳测量仪是一种矿用安全火花型携带式检测仪器,值得注意的是,该传感器的使用寿命只有1年。

(5)固定式硫化氢检测仪的探头一般安装在离现场硫化氢气体易泄漏或聚集地点1.0m的范围内,这样探头一旦接触到硫化氢气体,可迅速传送到中心控制室,显示硫化氢的浓度,并且声光报警。

模拟试题三

一、单项选择题

1.【答案】C

【解析】桥梁工程建设中分部工程包括:基础及下部构造,上部构造预制与安装,上部构造现场浇筑,总体、桥面系和附属工程,防护工程,引道工程。

2.【答案】A

【解析】混凝土成型方法根据拌和物的稠度进行确定:对于坍落度小于25mm的混凝土,可采用直径为25mm的插入式振捣棒成型;对于坍落度大于25mm且小于70mm的宜用标准振动台振实;对于坍落度大于70mm的宜用振捣棒人工捣实;检验现浇混凝土或预制构件的

混凝土,试件成型方法宜与实际采用的方法相同。

3.【答案】B

【解析】在混凝土抗拉弯试验中,当断裂面发生在两个加荷点之间时,以3个试件测值的算术平均值为测定值;3个测值中最大值或最小值中如有一个与中间值之差超过中间值的15%,则取中间值为测定值;如最大值和最小值与中间值之差均超过中间值的15%,则该组试验结果无效。故选项B正确。

4.【答案】B

5.【答案】D

【解析】规范规定,锚具的疲劳性能试验,经过200万次循环荷载后,锚具零件不应发生疲劳破坏;钢绞线因锚具夹持作用发生疲劳破坏的截面面积不应大于原试样总截面面积的5%。

6.【答案】A

【解析】试样的停放与试验条件要求为:试样需在标准温度为23℃±5℃的试验室内停放24h,并在该标准温度内进行试验。

7.【答案】A

8.【答案】C

【解析】应先对回弹值进行角度修正,再对修正后的回弹值进行浇筑面修正,经两次修正后的值,可理解为回弹仪处在水平方向弹击混凝土浇筑侧面的回弹值。两次修正的顺序不能颠倒,也不允许用两个修正值直接与原始回弹值相加减。

9.【答案】A

【解析】回弹法或超声回弹综合法检测混凝土强度,具有快速、简便的特点,能在短期内进行较多数量构件的检测,以取得代表性较高的总体混凝土强度数据,故规定批量检测的构件,抽检数量不得少于同批构件总数的30%且不少于10件。同时规范还规定,当检测批构件数量过多时,抽检数量可适当调整,但不得低于《建筑结构检测技术标准》(GB/T 50344)规定的最少抽样数量。

10.【答案】C

11.【答案】B

【解析】用超声法检测灌注桩的混凝土质量,当混凝土内部存在缺陷时,一般会发生声速降低(即声时增大)、接收波幅(接收能量)衰减、接收频率降低、波形畸变等声学参数变化。

12.【答案】B

【解析】浅层平板荷载试验的观测系统应选用百分表或其他自动观测系统(如精度为±0.01mm,量程为100mm的电测位移计);千分表虽然精度高,但量程较小,不满足平板荷载试验变形观测对量程需求。

13.【答案】D

【解析】圆锥动力触探试验分为轻型、重型和超重型三种;对于较密实的碎石土、极软岩和软岩,应选用超重型圆锥动力触探试验。

14.【答案】D

【解析】《公路工程基桩动测技术规程》(JTG/T F81-01—2004)规定,当采用低应变反射波法检测混凝土灌注桩桩身完整性时,其测振传感器的布置数量应根据桩径大小确定,当桩径小于或等于1000mm时,不宜少于2个测点;当桩径大于1000mm时,不宜少于4个测点。传感器宜安装在距桩中心1/2~2/3半径处,且与桩的主筋距离应大于50mm。

15.【答案】B

16.【答案】D

17.【答案】D

18.【答案】B

19.【答案】B

【解析】应变片方向应与构件的主应力方向一致,简支T梁下缘的应力方向较明确,即沿T梁的轴线方向。

20.【答案】D

【解析】静态量测设备在静载试验过程中,对采集时间一般没有太高的要求,因此无需过分关注动态响应速度,该指标是动态量测设备的关键指标。

21.【答案】B

【解析】振型测试至少需要2个测振传感器分批次完成测试,其中1个传感器的位置固定作为参考点,另1个传感器分别置于各个测点处分批次测试。传感器数量充足时,最好使用多个传感器一次性完成所有测点的测试,或尽量减少测量批次。

22.【答案】D

23.【答案】C

24.【答案】B

25.【答案】C

【解析】钢架安装就位后,钢架与围岩之间的间隙应用喷射混凝土充填密实。喷射混凝土应由两侧拱脚向上对称喷射,并将钢架覆盖,钢架与围岩之间的混凝土保护层厚度不应小于40mm。

26.【答案】B

【解析】根据止水带材质和止水部位可采用不同的接头方法,对于橡胶止水带,其接头形式应采用搭接或复合接;对于塑料止水带,其接头形式应采用搭接或对接。

27.【答案】C

【解析】隧道洞内外观测属于必测项目,其内容包括洞内掌子面观测、已施工区域支护状态和施工状况观测、洞外地表及周边建筑物变形观测。锚杆轴力量测属于选测项目。

28.【答案】C

29.【答案】B

30.【答案】D

【解析】公路隧道土建结构各分项权重见下表:

公路隧道土建结构各分项权重表

分项		分项权重 w_i	分项	分项权重 w_i
洞口		15	检修道	2
洞门		5	排水设施	6
衬砌	结构破损	40	吊顶及预埋件	10
	渗漏水		内装	2
路面		15	交通标志、标线	5

二、判断题

1.【答案】正确

2.【答案】正确

3.【答案】不正确

【解析】在钢绞线的应力松弛性能中,当初始负荷相当于公称最大力的70%时,1000h后的应力松弛率应不大于2.5%。

4.【答案】正确

【解析】采用人工插捣制作混凝土试件,在插捣底层混凝土时,捣棒应达到试模底部;插捣上层混凝土时,捣棒应贯穿上层后插入下层20~30mm。

5.【答案】正确

【解析】对锚具的硬度检验,如有一个零件不合格,则应另取双倍数量的零件重做试验;如仍有一个零件不合格,则应逐个检验,合格者方可使用。

6.【答案】不正确

【解析】板式橡胶支座抗剪老化试验过程中,在施加竖向荷载时,应将压应力以0.03~0.04 MPa/s的速率连续增至平均压应力为10MPa,并在整个试验过程中保持不变,以保证随后水平荷载的施加。

7.【答案】正确

8.【答案】不正确

【解析】采用回弹法测试混凝土强度，碳化深度测点数不应少于构件测区数的30%。

9.【答案】不正确

【解析】对合金钢材料的焊接质量检查必须分两次完成，由于合金钢内的裂纹形成得很慢，第一次检查时可能不会发现裂缝，因此需要在焊接之后的15~30d，进行第二次检查。

10.【答案】不正确

【解析】用半电池电位法检测到的电位差越大，表明混凝土内部由电化学反应产生的微电池活化程度越高，就越有可能使钢筋产生氧化还原反应，从而造成钢筋锈蚀。

11.【答案】正确

【解析】超声法检测时，在声波发射电压不变的情况下，接收波幅(接收能量)衰减是混凝土内部存在缺陷的重要判据之一。为统一评判标准，在同一根桩的检测过程中，声波发射电压须保持不变。

12.【答案】不正确

【解析】按照《公路桥涵地基与基础设计规范》(JTG D63—2007)的规定，地基承载力基本容许值应首先考虑由荷载试验或其他原位测试取得，其值不应大于地基极限承载力的1/2。

13.【答案】正确

14.【答案】正确

15.【答案】正确

【解析】公路桥梁在经常检查中，发现重要构(部)件的缺损明显达到3、4、5类技术状况时，应立即安排一次定期检查。

16.【答案】不正确

【解析】调制构造物是指为引导和改变水流方向，减缓水流对桥位附近河床、河岸的冲刷而修建的水工构造物。翼墙、耳墙以及调制构造物都属于下部结构的部件之一。

17.【答案】正确

18.【答案】不正确

【解析】普通钢筋混凝土构件是带裂缝工作的结构，荷载作用下，混凝土受拉区因开裂而退出工作，主要由钢筋受力，因此不能将应变片布置在该部位的混凝土表面上，通常是在测试区域凿除局部钢筋保护层，在钢筋上布置应变片，测试结束后及时修补钢筋保护层。对于全预应力和部分预应力A类构件，正常使用阶段结构全截面参与受力，此时应将应变片布置在混凝土表面上，而不得轻易损伤结构。

19.【答案】不正确

【解析】电测位移计属于相对式的传感器，必须安装在与被测结构分离的固定点上。本题中挂篮安装在测试截面，随桥跨结构一起变位，不能作为安装位移计的固定点。

20.【答案】不正确

【解析】静载试验所测的应变、挠度等数据均为荷载作用下的相对增量,完整的测试数据应包括加载前的初始值、加载测值以及卸载测值,按题述中的做法只能测试加载值,没有任何意义。

21.【答案】不正确

【解析】精密电子水准仪是电子技术与精密光学技术相结合的新型精密水准仪,分辨力可达0.01mm,测试精度较高。全站仪是通过测量被测对象的斜距、竖角、水平角来换算挠度的,受限于测试方法和诸多难以避免的误差因素(如测距精度、测角精度、照准精度、读数精度、系统误差等),即便是高精度全站仪(如0.5秒级)对于绝对位移只有几毫米的中-小跨的径挠度测量,仍存在较大的相对误差。全站仪的优势是测距远和便于进行空间变位测量等,因此一般用于大跨桥梁挠度、索塔偏位、主体结构线形等的测量。

22.【答案】正确

23.【答案】正确

24.【答案】正确

【解析】条件允许时,仪器应尽量布置在隧道轴线上,以保证等角测量时各测点的间距相等;条件受限时,也可偏离轴线布置,但应记录偏离值,并适当加密测点。

25.【答案】不正确

【解析】锚杆抗拔力试验不能检测出锚杆砂浆的密实度和锚杆锚固长度,因此,锚杆的安装质量仅根据锚杆的抗拔力来检验是不全面的。

26.【答案】不正确

【解析】采用超前锚杆进行隧道围岩稳定,充填砂浆多为早强砂浆,强度等级不应低于M20。

27.【答案】正确

28.【答案】不正确

【解析】对煤层瓦斯的预报,应采用地质调查法为基础,以超前钻探法为主,结合多种物探手段进行综合超前地质预报。

29.【答案】不正确

【解析】滤膜测尘法是通过精确测量滤膜在采样前后的质量变化进而计算空气中的粉尘浓度,该方法属于质量法。

30.【答案】正确

三、多项选择题

1.【答案】AB

【解析】桥梁工程建设中分部工程包括:基础及下部构造,上部构造预制与安装,上部

构造现场浇筑，总体、桥面系和附属工程，防护工程，引道工程。栏杆、人行道、桥面铺装为分项工程，划归在总体、桥面系和附属工程这一分部工程中。

2.【答案】ABD

【解析】钢材的主要力学性能包括：屈服强度、抗拉强度、规定塑性延伸强度、断后伸长率和最大力总伸长率；弯曲性能属于钢材的加工性能或工艺性能。

3.【答案】ABC

【解析】橡胶伸缩装置试验检测项目包括：拉伸、压缩试验，水平摩阻力试验，垂直变形试验；选项D属于梳齿板式伸缩装置检测的项目。

4.【答案】AC

【解析】在进行高分子防水卷材性能检测时，试样截取前，应在温度23℃±2℃、相对湿度60%±15%的标准环境下进行状态调整，时间不少于24h。

5.【答案】CD

【解析】钢筋探测仪基于电磁感应原理，工作区域附近的磁性物质和电磁干扰对测试结果有极大影响，因此在检测前应将探头置于远离金属物的空气中调零，同时混凝土表面也无需涂抹耦合剂，故选项A、B错误。对钢筋保护层厚度、钢筋直径等的检测操作，详见《混凝土中钢筋检测技术规程》(JGJ/T 152)中的相关要求。

6.【答案】BC

【解析】选项A错误，新购回弹仪启用前需经过检定；选项D错误，回弹仪率定试验所使用的钢砧应每2年送检或校准。

7.【答案】ABCD

8.【答案】ACD

【解析】埋设在混凝土灌注桩内的声测管，在桩施工过程中，受外力作用较大，容易造成声测管变形、断裂，影响换能器上、下管道的通畅，因此，不能选用容易变形的橡胶软管，而应选用强度较高的金属管。对于声测管的埋设要求，除选项A、C、D外，还应满足声测管的内径大于换能器的外径；施工完成后管内清洁、通畅、无异物；应根据桩径的大小，合理布置声测管的埋设数量。

9.【答案】BC

【解析】养护规范规定，对于不同技术状况的桥梁分别采取不同的养护措施：1类桥梁进行正常养护；2类桥梁需进行小修；3类桥梁需进行中修，酌情进行交通管制；4类桥梁需进行大修或改造，及时进行交通管制，如限载、限速通过，当缺损严重时关闭交通；5类桥梁需要进行改建或重建，及时关闭交通。

10.【答案】ACD

【解析】选项B错误，侧墙与主拱圈脱裂属于拱上结构的检查、评定指标。

11.【答案】BD

【解析】桥梁动载试验测试内容主要包括两个方面:一是结构动力响应(反应),包括动应变、动挠度、振动加速度、振动速度、动力放大系数、冲击系数等;二是结构自振(动力)特性,包括自振频率、阻尼、振型等。

12.【答案】ABD

【解析】桥梁荷载试验分为试验准备、现场实施和试验结果分析三个阶段。选项C结构分析计算属于试验准备的一部分工作,应在试验准备阶段完成,在试验结果分析阶段也需根据实际荷载、实测数据等调整计算。

13.【答案】ACD

【解析】在进行桥梁结构振型测试时,整个试验应布置固定参考点(可1个或多个),参考点位置的选定原则是布设在有足够量值响应的区域,并避开所测振型的节点;当振型测点较多,传感器数量不足时,可分批次测试,但参考点位置必须固定,且每一批次测试都要包括参考点。因此选项A、C的做法错误。选项D错误,振型分析必须同时考虑各测点之间的振幅比例关系和相位关系。

14.【答案】CD

【解析】承载力检算仅适用于在用桥梁,需先完成桥梁技术状况检测,在此基础上确定分项检算系数修正荷载效应和抗力效应后,再进行承载力评定;荷载试验适用于在用桥梁和新建桥梁的承载力评定。选项A错误,承载能力评定是针对桥梁当前技术状况的,而非设计图复核审查;选项B错误,通过桥梁定期检查所做的技术状况评定不等同于承载能力评定。

15.【答案】ABD

【解析】隧道开挖断面测量有激光断面仪法(极坐标)、以内模为参照物直接测量法、激光束法和投影仪法等四种。极坐标法为非接触式观测法,速度快、精度高、能自动生成开挖轮廓线,应用十分广泛;另外三种属直接测量法。

16.【答案】AC

【解析】全部检查点喷射混凝土厚度的合格标准为(须同时满足):检查点平均厚度≥设计厚度;且数量90%的检查点厚度≥设计厚度;检查点最小厚度≥设计厚度的50%,且≥50mm。

17.【答案】ACD

【解析】隧道工程的排水系统组成包括环向排水管、纵向排水管、横向导水管、深埋水沟、路侧边沟;初期支护与二次衬砌之间铺设的防水层、二次衬砌属于防水系统。

18.【答案】ABCD

【解析】注浆材料的主要性能指标有:黏度、渗透能力、凝胶时间、渗透系数和抗压强度。

19.【答案】ABD

【解析】隧道监控量测的必测项目除选项 A、B、D 外，还有地表下沉项目。洞内围岩内部位移属选测项目。

20.【答案】ABCD

四、综合题

1.【答案】(1)ABC　(2)CD　(3)C　(4)AD　(5)BD

【解析】(1)选项 D 错误，混凝土龄期满 14d 以后，混凝土强度达到设计强度的 70%，且不低于 15MPa 时，也可进场检测。

(2)略。

(3)混凝土强度与声速关系详见下表：

混凝土强度与声速关系参考表

声速(m/s)	>4500	4500～3500	3500～3000	3000～2000	<2000
强度定性评价	好	较好	可疑	差	非常差

(4)采用超声透射波法检测桩身完整性时，根据声学参数的变化判断桩身的缺陷，若声速和波幅在桩顶处缓慢下降，可判断为混凝土强度不足；若声速和波幅在桩身处急剧下降、突变，则可判断突变处为断桩。根据声学参数的变化判断桩身的缺陷的方法还有很多，限于篇幅，此处不作详细介绍。

(5)桩身完整性判别依据详见下表：

桩身完整性类别判定

类　别	特　征
Ⅰ类桩	各声测剖面每个测点的声速、波幅均大于临界值，波形正常
Ⅱ类桩	某一声测剖面个别测点的声速、波幅略小于临界值，但波形基本正常
Ⅲ类桩	某一声测剖面多个测点或某一深度桩截面处的声速、波幅值小于临界值，PSD 值变大，波形畸变
Ⅳ类桩	某一声测剖面多个测点或某一深度桩截面处的声速、波幅值明显小于临界值，PSD 值突变，波形严重畸变

2.【答案】(1)ACD　(2)ACD　(3)AB　(4)BC　(5)C

【解析】(1)回弹法、超声回弹综合法及钻芯法都是常用的混凝土强度检测方法。反射波法用于基桩完整性测试。

(2)选项 B 错误，电位差越大表明钢筋锈蚀的可能性越大。

(3)在使用钢筋探测仪检测混凝土内部钢筋时，应使探头长轴方向尽量平行于被测钢筋，沿着与被测钢筋轴线垂直的方向移动探头，测量主筋时应尽量避开箍筋位置。在每次测试前，应将探头远离金属物质调零。故选项 A、B 错误。

(4)选项B、C正确,参见各检测指标测试方法的相关内容。

(5)选项A错误,混凝土碳化会降低混凝土的碱性,对钢筋的保护作用减弱,当碳化深度超过钢筋保护层厚度时,就会使混凝土失去对钢筋的保护作用,在水与空气存在的条件下,钢筋容易发生锈蚀;选项B错误,混凝土中氯离子会诱发并加速钢筋的锈蚀,氯离子含量越高则钢筋发生锈蚀的可能性越大,与混凝土强度无明显的相关性;选项D错误,混凝土碱性介质为钢筋提供了较好保护作用,当钢筋保护层厚度偏小时,空气、水分等侵入容易造成钢筋锈蚀。

3.【答案】(1)ABD　(2)BC　(3)BD　(4)BD　(5)ACD

【解析】(1)略。

(2)略。

(3)动态测试各通道采用平行采集的方式,不能采用公用补偿接法,通常采用单点补偿的半桥接法或采用工具式应变计;采用应变片通过合理的测点布置和桥路组合,全桥接法也可进行动应变测试,且灵敏度较高,但是其测试精度与是否采用全桥接法没有必然的关系。

(4)冲击系数应通过行车试验的实测动挠度来计算,当动挠度测试难度较大时,也可通过动应变获取应变增大系数来评价冲击效应。

(5)选项B错误,由于安全和其他原因,桥梁现场动力试验不进行弯道离心力测定试验。

4.【答案】(1)ABCD　(2)ABC　(3)ACD　(4)AC　(5)C

【解析】(1)模筑混凝土衬砌的质量检验指标除对原材料进行检测外,还包括:混凝土强度、混凝土衬砌结构厚度、混凝土密实度、混凝土外观及表面平整度、混凝土缺陷和几何尺寸检测。

(2)采用激光断面仪测量混凝土衬砌厚度的前提是:衬砌浇筑前已有初期支护内轮廓线的实测结果,初期支护内轮廓线的实测结果与二次模筑混凝土衬砌内轮廓线的测试结果在同一坐标系中的同一断面位置,衬砌背后不存在空洞或间隙。

(3)地质雷达可用于混凝土衬砌厚度、衬砌混凝土背后密实性、混凝土内部钢架、钢筋、预埋件等检查,不能用于混凝土强度检查。

(4)采用地质雷达检测衬砌厚度及内部状况检测时,测线布置应以纵向布置为主,环向布置为辅;两车道隧道纵向测线应分别在隧道的拱顶、左右拱腰、左右边墙布置测线,根据检测需要可布置5~7条测线。

(5)若衬砌背后回填有空洞,地质雷达数据的特征为反射信号强,反射界面明显,下部有多次反射信号,两组信号时程差较大;衬砌背后密实会出现选项A的信号;衬砌背后不密实会出现选项B的信号;混凝土内部有钢筋时会出现选项D的信号。

5.【答案】(1)C　(2)CD　(3)C　(4)AB　(5)AB

【解析】(1)空气动压的计算公式为:$h_v = 0.5\rho v^2$,式中,h_v表示空气动压,ρ为测点处单位体积空气质量,v为风速值。将题中数据代入计算公式,可知选项C正确。需注意计算时单

位符号的转化。

(2)该隧道为单洞双向交通隧道,根据《公路隧道通风设计细则》(JTG/T D70/2-02—2014)规定:单向交通隧道风速不宜大于10m/s,特殊情况可取12m/s,单洞双向交通隧道风速不应大于8m/s,人车混用隧道风速不应大于7m/s。

(3)隧道内风速检测,可选的设备有风速表、热电式风速仪、皮托管和压差计,其中,皮托管和压差计还可用于风机风筒内的高风速检测,而风速表、热电式风速仪不能用于风机风筒内的高风速检测。

(4)对各通风段的风速值进行检测时,每通风段宜检测3个断面以上。

(5)根据隧道长度的不同,在对隧道中间段路面的平均照度进行检测时,测区的总长度可占隧道总长度的5%~10%。已知该隧道长度为1800m,则其中间段路面的平均照度的测区长度宜为90~180m。